七味のなぞ!!

―調味料の不思議―

はじめに

原始時代は食うか食われるかの生き残りをかけた厳しい時代でした。獲物を捕まえて空腹を満たしても、食いだめでは対応できないので安心してはいられません。すぐに次の目標を立て、食料の確保と身の安全を守る対策が必要でした。

この時代は食料の保存が難しく、狩猟採集した獲物は時間が経てば腐ってしまいます。しかし、臭いや味が最悪でも、少々腐っていても生きるためには食べなければなりませんでした。その対策に使ったものが、比較的手に入りやすい塩や身近にあった良い香りのする植物でした。

偶然に火を使うことを覚えてからは焼くことでおいしくなり、保存期間が延び、殺菌にもなるので腹痛なども減少したことでしょう。さらに、煙で燻すことで燻製ができ上がり、おいしさや保存に関する知識が広がりました。

このように火を使うこと、塩や植物を使うことによって保存期間が長くなり、おいしくなることから、現在の調味料や香辛料という形になっていったのでしょう。さらにその過程で使用した植物が、腐敗を遅らせるだけでなく、別なおいしさに変化し、食欲をそそること、食中毒になりにくいこと、病気に罹りにくいこと、病気の治りが早いことも学習していったのかもしれません。

現在は世界中で食をおいしくするような調味料、香辛料、ハーブ、スパイスがあります。日本でもサンショウやワサビ、ショウガなどが古代から用いられていました。その他、塩を使用した保存法や加工法、その応用が発見され、醤から醤油や味噌、アルコール発酵から酒や酢が発明され、甘い植物から砂糖が見つけ出されました。これらには長い歴史があります。

また、調味料や香辛料、ハーブ、スパイスはおいしさを付与するものですが、それだけではなく身体にポジティブな多くの機能性を持つことがわかっています。これらは別の観点から、薬草や薬膳と密接な関わりがあります。日本の代表的なミックススパイスの七味唐辛子は調味料であり、香辛料であり、ハーブやスパイス、生薬（薬草）などで構成されています。たいていの家庭に常備されていますので、七味唐辛子について、その食用効果を考えてみました。

　そのためには、はじめに調味料、香辛料、ハーブ、スパイス、薬草、薬草の応用の漢方薬、薬膳、七味唐辛子の構成食材（薬味）について広く知る必要があります。広く浅く、あるところでは深く、自由にまとめてみました。

もくじ

四　香辛料とは何か　88

七

一　食べることとは

私たちはなぜ食事をするのでしょうか。お腹が空くから？　おいしいから？　力をつけるため？　家族団らんのため？　人と人のつながりのため？　健康のため？　など、さまざまな考え方がありますが、その一番の理由は、生命を維持するためのエネルギー源が必要だからです。動物は、自らエネルギーの源を作り出すことはできません。したがって、エネルギーとなる植物を食べて利用しなければならないのです。

肉食動物については他の草食動物や肉食動物、昆虫類などを食べることによってエネルギーを得ています。つまり、肉食であろうが草食であろうが元を正せば植物を利用していることになります。

植物は、土壌に含まれる無機物と水と二酸化炭素と太陽の光により、自分の身体と活動エネルギー源を作ります。光合成によって炭酸同化作用を行い、糖類などのエネルギーを作っているのです。このような理由から植物のことを「独立栄養生物」といいます。動物は終局的に植物がなければ生きていけないので「従属栄養生物」と呼ばれています。したがって、動物は何らかの要因で植物が育たなくなった場合、死に絶えることになります。

恐竜絶滅の要因

原始時代、特に三畳紀、ジュラ紀、白亜紀にかけて繁栄した恐竜が突然姿を消してしまったことは、皆さんもよくご存じだと思います。世界中で発掘される恐竜の化石や地層が考古学上、多くの情報をもたらしました。絶滅の原因は、巨大隕石が地球に衝突し、それに続く水蒸気や噴煙のため太陽光線が減少したという説、火山活動の活発化による有毒ガスや溶岩の流出による火災説、寒冷化などの気候変動などさまざまな説があります。これらのどのような説でもエネルギー源の植物が減少し、大型動物の食料が充足されなかったことにつながると考えられます。小型の動物はかろうじて残った下草や苔などで命をつないだのでしょう。このように植物は動物の生命を支えている大切なエネルギー源です。このことは今でも変わることはありません。

さて、いわゆる動物がまだ人類に分化していなかった頃、動物と人類を区別するいくつかの事象が起きました。今から三〇〇万年前頃に直立歩行をする種類の動物が出現し、適応・進化して人に近い猿人のアウストラロピテクスが現れました。直立歩行をすることで前足（手）が使えるようになり、その結果、一八〇万年前頃には脳の容量が大きく変化したジャワ原人が現れ、五〇万年前頃には火の使用法を獲得した北京原人が現れています。ネアンデルタール人は五〇万～三〇万年前頃から出現し、仲間の死のために埋葬を行った痕跡があります。新人類の始まりである旧石器時代のクロマニヨン人は二〇万年前に登場したと考えられ、アルタミラの洞窟やラスコーの洞窟のような各地で発見される洞窟の壁画を残しています。壁画には人や動物が描かれており、描くということで情報伝達方法の革新があったと考えられます。また、それらの壁画から集団で狩りを行っていたことなどをうかがい知ることができます。

最近は発掘された古代人の骨のＤＮＡ分析が可能になり、これまでの説を裏付けることや、新たな説へと発展することのできる情報が得られ、今もそれらの解明が進んでいます。

農耕牧畜のはじまり

狩猟採集時代から農耕牧畜時代に変遷していくためには長い年月を要したことでしょう。

当然ながら両時代が混在している期間は長いと考えられます。ある意味では今でも漁業やジビエを利用することを考えると完全に分けることはできないような気がします。

定住が始まったので農耕牧畜時代が到来したのか、農耕牧畜を行うようになったから定住したのかはわかりませんが、定住が始まるまでは野生の動・植物を食料としていました。

しかし、狩猟採集を長い間続けていれば獲物の群れが移動したり、絶滅したり、これを追って新たな標的のために常に移動を余儀なくされます。流浪の末には疲労困憊が残り、新しい考えや方法論に至るには時間がかかり、文化的な進展は望めません。定住という意識に至るまでは何万年も要しました。そこには試行錯誤の繰り返しがあり、現代と比べてゆったりとした時間が流れていたように思います。

農耕牧畜が始まったのは一般的には九〇〇〇年前頃とされています。最近の研究によると一万二千年前とか一万四千年前という説もあり、今後の遺跡の発掘で土出する植物や土器、道具、地層を調べることにより新しい説が提案されるかもしれません。

農耕牧畜は狩猟採集中心の時代と比べ、集団の移動に関する時間と距離が減少し、その分、他のことができるようになります。住居や神を祀る建物、集会場、道、灌漑、水路、水道などが整備され、村ができて町になり、都市国家が形成されて文化が発達し、文明が形成されます。

一部の地域で農耕牧畜が始まってからは一万年くらいしか経っていません。つまり、数万年かけてできあがった食生活は、その食形態にわれわれの消化器系を適合させ、それに合わせた効率の良い器官や組織へと変化させていったと考えられます。現代の進化している食に関連した事情を見ると、調味料などが使用されている加工食品や自然にはそのままでは存在しないような食品類を我々は普通に食べています。

最近の食材に、加工食品が多いことを考えると、原始時代の食べ方を参考に、今の食を考え直すことは意味のあることかもしれません。でも、健康を念頭においた場合、原始時代の健康と今の健康について、なにを指標に比較すればよいかは難しいことです。

例えば、近いところでは、戦後は衛生状態や栄養状態が悪かったので感染症等が多く、寿命も長くはありませんでした。しかし、悪性新生物（いわゆるガン）は統計的に多くはありませんでした。現在、ガンという病気の罹患率が高いのは寿命が延びたからと考えることができ、過去は平均寿命が短かったのでガン死亡率が低かったとすることもできます。

実際にガン細胞は毎日生まれており、それを免疫細胞がやっつけていることは周知のことです。年を取ることは細胞分裂を多く経験することなので、そこに再生ミスが起こり、ガン細胞が増え、免疫細胞で対処できなくなるレベルまで行くとガンとなります。やはり、長寿とガンは切り離せないと考えられます。健康を調味料や加工食品の少なかった時代と単純に比較することはできないようです。

おいしさの原点

しかし、飢えや空腹が続き、久々の獲物にありついたときに、おいしいと感じるのは今も昔も変わらないことです。これは現代人も経験することができます。ダイエットや断食後の食事、空腹後の充足の食材はおいしく感じられます。修験者が荒行のあとに食べるリンゴ一個は、えもいわれぬおいしさだそうです。

飽食の時代といわれている現代は、おいしさを追求し、おいしくなければ食べないという風潮があるようです。そのわりには孤食とか個食、独食、固食、小食、粉食、子食など極端な食生活が存在しています。おいしく感じるのは、味だけでなく共に食べるなど周りの環境や状況にも左右され、飢えの時代と飽食の時代とではおいしさの質や感覚は自ずと異なるだろうと思います。しかし、空腹時に感じるおいしさは、喉の渇きにコップ一杯の水のように満足感を与えるものです。

また、ビタミンやミネラルが不足気味の時は、栄養ドリンクがおいしく感じられます。力仕事の後の味噌汁はうまい、疲れたときのコーヒーはいつもよりおいしい、マラソンの後のスポーツドリンクは生き返る心地です。「良薬口に苦し」といわれる漢方薬も、証《しょう》（その人の性質や特徴、症状のこと：漢方薬の診断要因のひとつ）に合っていれば苦くなく、かえっておいしく感じられることがあります。さらに不思議なことに、おいしく感じられた場合、その漢方処方がその人の体調不良や病気に良く効くことが多いようです。まさに功を奏する「薬食同源」という言葉がぴったりです。

害になるものと益になるもの

これに対して人体に害になる食べものは大まかに、苦いもの、辛いもの、えぐ味のあるものと考えられます。人は本能的に苦すぎるもの、辛すぎるもの、えぐ味の強いものは害になることを知っており、受け付けないようにできています。これらは毒に近い性質だからです。また、甘いものや塩辛いものは受け入れ範囲が広く、たいていはおいしいという反応が返ってきます。しかし、甘すぎれば胃がもたれ、塩辛すぎると、やはり受け入れられません。これらのマイナスの反応が出ない上限付近を継続的に摂取していると、将来、糖尿病や動脈硬化関連の病など、さまざまな生活習慣病に傾くことがわかっています。

酸味については、エネルギーを産出するメカニズムが解明されており、また酢酸を摂取すると、疲労が減少することがわかっています。したがって、酸味は疲れを取る際の指標となり、疲れている時ほどおいしく感じるもののひとつです。

しかし、食べ物は腐れば酸味が増します。質の良くない酸味は腐敗を意味するので、それに付随する細菌の存在が考えられ、人はこれを回避するようにできています。

うま味は、明治時代に日本人の池田菊苗氏が発見した物質に基づく「基本味」のひとつです。この時のうま味物質は、昆布からとれたグルタミン酸です。その後、児玉新太郎氏が鰹節からイノシン酸、国中　明氏が椎茸からグアニル酸、

青木　克氏が蛤からコハク酸など、日本の研究者が次々とうま味物質を発見しました。うま味はタンパク質や核酸由来の物質が多いのでタンパク質の不足の指標になります。しかし、食べすぎによる肥満には注意が必要です。

二　基本五味とは

前述の酸味と苦味、甘味、塩味、うま味は基本五味《きほんごみ》といわれています。この五つの味覚は口に入ったときに味を感じる味蕾という細胞によるものです。味蕾には味覚を受け入れる器官があり、呈味物質《ていみぶっしつ》がそこに到達することにより味の違いを識別します。苦味、甘味、うま味は受容体という細胞に結合することで感じ取り、酸味、塩味はイオンチャンネルを通過するときの変化で味を感じます。

陰陽五行説の「五味」

基本五味に対して古代中国の陰陽五行説に「五味《ごみ》」という考え方があります。七味唐辛子や薬膳、漢方薬にも関連しますので、話を進める前に簡単に陰陽五行説について説明します。

五行説

五行	木	火	土	金	水
五臓	肝	心	脾	肺	腎
五味	酸	苦	甘	辛	鹹
五性	寒	涼	平	温	熱
五色	青	赤	黄	白	黒
五穀	小豆	麦	米	黍	大豆
五果	李	杏	棗	桃	栗
五季	春	夏	長夏	秋	冬

地上の万物は「気」からできているということが前提ですが、陰陽説とは世の中に存在するすべての物を陰と陽の性質に合わせて、陰の気と陽の気に二分することです。この二つの盛衰によって種々のことが生じます。また、五行説とは陰陽説と同様に世に存在する（天地間に循環している）すべての事象を木、火、土、金、水をもとに性質等を勘案し、これらの五つ（五行という）に関連させ、帰属させていく考え方です（図参照）。人の重要な臓器は、肝は木に、心は火に、脾は土に、肺は金に、腎は水に属すると考えます。これを「五臓」といいます。味覚については、酸味は木に、苦味は火に、甘味

は土に、辛味は金に、鹹味《かんみ》は水に属すとし、これを五味といいます。最後の鹹味は塩味と解釈します。陰陽五行説は経験則と考えられますので、初めから科学的な根拠があるわけではありませんが、よく観察した結果として参考になります。世の中の数えきれない物事や事象を五つに分けて比較しながら観察し、特徴の似ているものをまとめたことにより、物事が整理され、効率的に理論づけられていったのではないかと考えます。少なくとも五分の一のものに集中して議論することができます。観察、経験、実践から哲学的考えがまとめられ、経験則になり、それらの一部は時代を追うごとに科学的な理論に合うことが実証されていきました。

五行説の五味を前述の人の受容器官等がある基本五味と比較してみると、五行説の五味にはうま味がなく、代わりに辛味が入っています。実際に私たちには辛いという感覚があるので、五行説の方が正しいような気がします。五行説は経験則なので感覚的にはこちらの方が現実的です。前述のように、うま味とは明治時代になってから発見されて物質まで特定されたのですから科学的（生理学的）に正しいのですが、基本五味には辛味がありません。しかし、実際に辛いという感覚は存在します。これはどういうことかというと、辛味に特有な感覚受容体ではなく、熱刺激受容体に反応して熱いとか痛いと感じているのです。辛さは熱いという反応でヒリヒリした痛みを感じます。この時に他の味覚も付随するので、熱刺激と味がセットで辛いという感覚になります（トウガラシの辛味は、トウガラシの味と熱いという刺激がセットになっている）。英語で辛い感覚をhotと表現するのがよく理解できます。

七味唐辛子のトウガラシ

辛い物といえば前述のトウガラシが挙げられるのではないでしょうか。しかし、七味唐辛子に用いるトウガラシの使用歴は古いものではありません。トウガラシがヨーロッパや中東、アジアにもたらされたのは早くても一四九二年より後と考えられます。コロンブスが西インド諸島からトウガラシなどをスペインに持ち帰ったのは一四九三年といわれています。

スパイスの夜明け

十五世紀頃はすでにコショウやクローブ、シナモン、ナツメグなどがアジアやヨーロッパなどの主要都市に広まっており高価なスパイスでした。トウガラシは十六世紀になってから全世界に広まりました。大航海時代の後に交易が盛んになり世界がつながったとはいえ、その伝播の速度は速く信じがたいものと考えられます。それには栽培条件も左右したのでしょう。他のほとんどのスパイスは熱帯以外では大量栽培・生産がうまくいかなかったのに対し、トウガラシは涼しい地域でも生育するからです。しかし、それだけではなく、やみつきになるという食の機能性の特徴がそうさせたのかもしれません。

全世界的に広まったのは十六世紀なので、トウガラシの歴史はコロンブスのアメリカ大陸発見以後ですが、原産地のペルーの山岳地帯やアンデスでは紀元前から用いられていたことがわかっています。こちらは伝播するほど文明が発達していなかった時代なので地域的な食べ物だったと考えられます。

おいしさと食の機能性

大航海時代が到来し、おいしさを求めてコショウなどのスパイスを命がけの冒険の末に手に入ることができるようになりました。そのずっと後、スパイスやハーブなどが比較的容易に入手できるようになると、それまでとは質の異なるおいしさを求めて、食を楽しむ時代が到来しました。

さらに、味を良くするだけでなく食品の保存性向上、防腐効果、消臭作用、抗菌作用、健康効果などが多岐にわたって研究され、多くのことが明らかになってきました。スパイス類はおいしさだけでなく人間にとっては大変魅力のあるものでした。今は多くの種類のスパイスやハーブが手に入りやすく調味料や香辛料として食に利用されています。

三　調味料について

はじめに調味料について考えてみます。

現在は、スパイスもハーブも、身近で安価に手に入れることができるようになりました。多くの種類があり、料理の特徴を勘案し、食材にマッチしたいくつかのスパイスを複合したものもあります。この「調味料」とはどのようなものなのかを定義、もしくは用語の説明を見て理解を深めていきましょう。

『広辞苑』では「調味料」のことを次のように説明しています。「調味に用いる材料、味噌・醤油・砂糖・塩・酢など。」、その他、ネットに出ているものを参考にしてみると、「飲食物の味を調えるため用いる材料。味覚、嗅覚を刺激して食欲を進め、消化吸収を佳良《かりょう》にするために用いる。塩味料、旨味料、酸味料、甘味料、辛味料に分け、食塩、醤油、ソースなどの種類がある。」、「料理や食品に甘味、酸味、塩味、苦味、旨味、辛味などの味や香りを付け、私たちの嗜好に合うように加えるもの。」、「食べ物に各人の嗜好に合った味をつけ、食事をおいしくさせる材料の総称。」、「料理の味あるいは素材の持ち味を調整し、料理全体の味を調える働きをするものの総称。」、「料理を作る際に副材料として用いるもの。」などとされています。

調味料は大まかに分類されており、まとめてみると、砂糖、塩、酢、醤油、味噌系の調味料を基本として、ソース類、酒類、みりん類、だし類、トマト加工品類、ドレッシング類、マヨネーズ類、香辛料類、ハーブ類などがあり、おのおのさらに細かく分けることができます。その他、うま味調味料、風味調味料、化学調味料、混合調味料などさまざまなものがあります。ちなみに英語で調味料をシーズニング「seasonings」やコンディメンツ「condiments」と表現します。私たちの嗜好に合うように味を調えておいしくするためのもののようです。

「さしすせそ」の調味料

さて、料理人が調味料を使うとき、基本の使用法があるそうです。調味料の種類はたくさんあり、何々調味料とありますが、日本では数ある調味料の原点といわれるようなものは砂糖、塩、酢、醤油、味噌といわれています。つまり、「さ」は砂糖、「し」は塩、「す」は酢、「せ」は醤油、「そ」は味噌です。調理をするとき、この調味料を入れる順番にも経験則があり、「さ」、「し」、「す」、「せ」、「そ」の順で加えるとおいしくなるのだそうです。この順序には調理学的な理論があるとされています。

では、これらの調味料はいつ頃から使用されていたのでしょう。

「さしすせそ」の最初の砂糖は、はっきりした起源についてはわかっていないようです。塩や酒、酢についても同様です。遺跡の発掘や使用の類推される土器や壁画から推測しているようです。当然ながら、すでに文字ができていて、記録されていれば年代はわかります。砂糖を発見した民族は文字のできる前から使用しており、実際に記録されるには文字の発明を待たねばなりませんでした。

　味噌や醤油になると文字が出来上がってからと考えられる要素があります。これらは発酵させることが必要なので、記録がなければ再現できません。もちろん糖分から酒、酒から酢も発酵ですが、醸造の適切な時間がはっきりしないので、初期の段階ではほとんど酢になったのではないかと考えます。経験が物を言う時代でした。

　塩も現在の塩のような形で存在することはなかなか稀であったことでしょう。岩塩や塩湖、海水の濃縮で純粋に近い形にはなりやすいかもしれません。砂糖は抽出という操作があるので塩のようにはいきません。はじめはエキスとして溶けている状態や黒砂糖のようなものを作るアイディアが必要です。酒はサル（猿）酒を模して人が作ったのがはじめなのか（それが定説のようになっていますが）、人が甘い果物を保存しておいたときに偶然腐りかけてできたのかわかりません。酢は酒の次に偶然の産物だったのでしょう。

いつ頃このような調味料ができたのか類推するしかありません。しかし、いつ頃から再現性のある作り方をしたかは記録されます。その時の記録が解読可能な形で残っているかどうかはわかりませんが、何らかの製法が読み取れるものが起源とならざるを得ません。

以下に、砂糖、塩、酢、醤油、味噌の順でちょっとした歴史や特徴について考察しました。

砂糖について

日本に砂糖が渡来したのは天平勝宝六年（七五四年）で、鑑真《がんじん》和上《わじょう》がもたらしたとされています。その後も砂糖は入ってきますが、きわめて高価なものなので庶民が口にすることはできませんでした。特に甘い性質を持つ砂糖や蜂蜜は薬とされていました。

鑑真和上が来日したときに携えてきたものが、正倉院の宝物殿に保存されており、砂糖は種々薬帳に蔗糖《しょとう》という名前で記載されています。蔗糖は、現在の『日本薬局方』にも薬として収載されており、矯味《きょうみ》の目的で調剤に用いるとされています。

古代の日本にあった甘いものは、水飴や甘葛煎《あまづらせん》、甘茶、そのほかに果物やアケビの実の甘いゼリー状のものや干し柿などだったのではないかと思います。その後に蔗糖（砂糖）や蜂蜜が渡来しました。蜂蜜は今でも養蜂家の方々が生産しています。水飴は米や芋、麦などのでんぷんを酵素で糖まで分解したものです。甘葛煎は、ツタやカエデの蔓や樹皮に傷をつけて、そこから流れ出る樹液を集め濃縮したものです。メイプルシロップやメイプルシュガーと同様に用いていました。

甘いものが大量に生産されるようになるまで薬として用いられていたのは、身体に対してエネルギー源となり、緊張を和らげるという性質が実感できたからと考えられます。現在、世界中の甘い砂糖の原料はサトウキビ（甘蔗《かんしょ》）、サトウダイコン（甜菜《てんさい》）、サトウカエデ（メイプルシュガー）、オウギヤシ（パームシュガー）、サトウモロコシ（スイートソルガム）など種々のものがあります。

砂糖の歴史とおいしさ

砂糖は、初期段階では調味料というよりは単独で味を楽しむもの、もしくは薬として使われました。

砂糖はインドネシアやニューギニア、インドなどが発祥の地といわれ、何千年も前に発見されていたものと考えられています。さまざまな文献や古文書、発掘調査などの考古学においては紀元前六〇〇〇年頃に存在したとされているようですが、筆者はこの分野の専門ではないので詳しくはわかりません。しかし、サトウキビは栽培されていたかもしれませんが、現在の調味料の砂糖のようには精製されていなかったのでしょう。アレキサンダー大王が紀元前四世紀にアジアに遠征したときに「インドには甘い石がある。蜂蜜ではない甘い蜜がある。」と記録に残しているそうです。この時代ではサトウキビが黒砂糖のような粗精製物であったと考えられます。

現在の砂糖は甘蔗から精製されるものが六割で甜菜からは四割とされています。甘蔗とはイネ科のサトウキビのことで、この植物の茎から砂糖が抽出されます。甜菜とはサトウダイコンのことで、ヒユ科（アカザ亜科フダンソウ属）の植物で肥大した根から精製されます。

糖類の役割、なぜおいしいか

甘い食材は通常、糖類を含むと考えられています。人が行動し運動している時、糖分をエネルギーとして消費するので砂糖は重要な栄養源です。甘い砂糖はブドウ糖（グルコース）と果糖（スクロース）が結合した二糖類と呼ばれているものです。澱粉はブドウ糖が複雑に重合したもので、どちらも人はそのままでは利用できません。食べ物が消化され、酵素でブトウ糖まで分解されると腸から吸収されます。血液と一緒に輸送され、脳では一日に一二〇グラム程度消費します。脳の栄養成分はブドウ糖だけです。

さらに、食事などから供給され消化、分解を経てブドウ糖になったものは、脳や体内で消費され、残ったものは肝臓や筋肉にグリコーゲンとして蓄えられます。血中のブドウ糖が足りなくなると再びグリコーゲンから補給され、エネルギーとして利用されます。食事による糖類の供給と蓄えられたグリコーゲンのバランスをインスリンが担っています。需要と供給、エネルギーの充填と消費が一定の範囲内におさまっていれば快適でいられますが、このバランスが崩れ、エネルギー不足になると種々の弊害が生じてきます。その時は食べ物として補給しなければなりません。これが食事であり、一日三回のエネルギー補給はブドウ糖の消費とグリコーゲンからの補充を考えるとちょうどよい間隔になります。つまり、疲れたときや空腹感があるときは、糖分が足りなくなってきたことを示すので、甘いものが欲しくなります。人はエネルギーが少なくなると弊害を予測し、常に補充に向かっていると考えられます。食物を食べて速やかに補給されるブドウ糖と蓄えられた肝臓のグリコーゲンから補填されるものを合わせて六時間くらいが不足しないちょうどよい範囲なので、前述の一日三回の食事が適切なものと考えられます。

少し詳しく考えてみます。甘いものはエネルギー源なのでおいしく感じます。そうするともっと欲しくなります。しかしエネルギーが充足されたときは、血糖値が上がり、その時不必要なレベルまで上がるのを阻止するためにインスリンが分泌されます。そうすると血糖値が適度に下がります。この適切な範囲で行動すれば問題は生じません。

甘い物を摂る ↓ 甘くておいしい ↓ 脳内にβ－エンドルフィンが分泌される ↓ もっと食べたい ↓ ドーパミンが分泌される ↓ 実際食べる行動をとる ↓ オレキシンが分泌 ↓ 十分な糖分を摂取 ↓ インスリンが分泌され

る→食べるのをやめる、という一連の欲求の連鎖でどこかが強調されたり、阻害されたりすると体調不良につながります。

もともと甘みとは生きていくためのエネルギー源を識別するためのもので本能に訴えるものです。この性質が作用して人類や動物は何百万年もの時を生き延びて文明を作り、繁栄してきました。発見初期の頃はサトウキビを噛んだり、汁を吸ったりしていたのでしょう。そのうち搾って汁を集めることを行い、それが乾燥すると黒っぽくなり、固まることを見出しました。これを生産に結びつけたのが紀元前二〇〇〇年のインドだといわれています。つまり、精製して砂糖を作る第一歩と考えられます。その製品は多分、黒砂糖のようなもの（石のようなもの）か、粘り気のあるエキスだったのではないかと考えられます。

日本の甘いもの

光合成をする植物なら、たいていは蔗糖やデンプンを作るので砂糖の原料になりますが、多く含まれないと効率的ではありません。サトウキビやサトウダイコンがなかった日本は飴や蜂蜜、甘葛煎を用いていました。このようなことから日本に砂糖が入ってきたときは、調味料としてではなく、薬のように貴重なものとして用いられました。前述のように今でも白糖と蜂蜜は『日本薬局方』に薬として収載されています。

砂糖の製法がある程度確立すると、はじめは上流貴族の菓子として利用されていたものが、庶民にまで行きわたるようになり、調味料としても用いられるようになりました。

砂糖の役割、調理効果

甘さという身体に対するエネルギーのシグナルの他に調味料として調理のさまざまな効果が確かめられてきました。

例えば、砂糖は水分活性を低く保つことができます。水分には自由水と結合水があり、自由水が多いとカビや細菌が発生しやすくなります。結合水は砂糖水や塩水のように細菌などの微生物が自由に使える水分を減少させるので、腐敗や細菌汚染が少なくなり、長期保存が可能になります。ジャムやマーマレード、砂糖菓子がその例です。

また、コーヒーや紅茶のように苦味や渋みのあるものに砂糖を入れるとそれらが軽減されます。これは後述する五行説と関連します。

肉類を調理するとき、砂糖はよくしみ込んで肉を柔らかくする性質があります。したがって、煮物をするときには先に砂糖を使うと他の調味料が馴染みやすくなります。

ご飯や餅は加熱すると柔らかく粘り気が出ますが、そのままにしておくと硬くなります。このような現象をデンプンの老化と呼んでいますが、その時は砂糖を加えておくと滑らかな食感が保たれます。これはデンプンと砂糖の分子が結びつき水分を保持するからです。大福餅や求肥《ぎゅうひ》が硬くならないのはこの性質を利用したものです。

また、砂糖は加熱する温度でさまざまな形態に変化します。砂糖を水に溶かし一〇五度で撹拌するとシロップになります。一一五度ではお菓子の表面に塗るようなクリーム状の砂糖のフォンダンになります。一六〇〜一六五度では昔懐かしのべっ甲飴のようになります。一九五度以上ではこげ茶色のカラメルになります。

その他、葛湯やメレンゲを作るときに砂糖を混合すると混ざりやすくなります。これらの性質を生かすため、調味料の砂糖は「さしすせそ」の最初に来るのでしょう。

塩について

人類が使用した最も古い調味料は、塩ではないでしょうか。加工を伴うものでは酢が最も古いといわれています。

塩は人が作り出す物ではなく、岩塩や天日塩、藻塩《もしお》などそのままにしておけばできます。それらに簡単に手を加えることで精製し、再結晶するものであり、醸《かも》し出すという味噌や醤油、酢とは異なります。

原始時代にはまだ多くの知識はなかったので、狩猟採集した獲物はすぐ腐ってしまいました。しかし、塩に漬けておけば腐敗臭がしてきません。また、人々は汗水たらして食料を獲得したので、塩分補給もあって、塩漬けの肉や魚は特においしく感じられたことでしょう。このような経験を通して、山では岩塩が、海辺では海水の濃縮から得られた塩辛いものが、獲物の魚や肉の鮮度保持とおいしさ向上、腐敗防止の作用をすることを長い年月の間に学習し、特徴や性質を捉えていきました。原始時代でもおいしいという感覚が優先されたと考えます。つまり、身近にあった塩辛い物が味を変えることを知った人々はそのままの獲物より塩をかけた方がおいしくて、疲れが取れ、元気が出ることを経験しました。まさに塩は最古の調味料でした。

生命が海で誕生し、進化していく過程で海から陸に移動したことを考えると、地上の動物には海水に存在したような塩分が体内には必要であり、特に塩化ナトリウムの塩は体内に必須の存在です。

古代における塩の位置づけ

塩は海や山から得ることができます。海についてはは理解しやすいですが、山や塩湖といわれる湖に塩が存在するのは、そのまわりの地質を構成する成分の塩が溶けて流れ、濃縮されたからです。また、そこがかつて海であった場合は、隆起や沈降などの地殻変動により山や塩湖ができ、そこにあった海水が長い年月の間に濃縮し、結晶化したものです。

海水なら、乾燥濃縮するのは天日で可能であり、岩塩なら発見さえすれば砕くだけで利用できます。塩湖の塩はすでに濃縮されているので析出《せきしゅつ》しているものはそのままでも使えます。つまり、塩については高度な技術がなくても手に入れることができます。古代の人々の知恵で利用可能な範囲だったのではないかと思います。

狩猟採集時代の初期は、動物の血や肉に含まれていた塩分を摂ることによって必要量が確保されていましたが、定住する時代に入って穀類や野菜中心になってくると塩分が不足気味になります。また、野菜のみの食事は塩分が不足するので、サラダには塩分が必要でした。海水や岩塩を本能的に用い、味覚の調整に用いたのがドレッシングや調味料になったと考えられます。

このように、塩蔵《えんぞう》による保存方法やミネラル補給のことを考えると塩はかなり貴重なものであったことがわかります。古代ローマでは労働者に塩を買うためのお金を支給し、そのための貨幣があったそうですが、この貨幣のことを塩(sal)にちなんでサラリーと言っていたそうです。そのうち兵士への報酬として貨幣ではなく塩そのものを与えて給与としたので、給料のことがサラリーと言われるようになりました。

塩分の人への影響と生理作用

さて、身体の塩分は体重の０・３から０・４％が最適です。また、塩の人体に対する作用は、物理的なものとして浸透圧があります。塩を植物の葉などにまぶすと植物細胞の中の水分を吸い出してしまいます。これを利用したのが野菜の塩漬けです。細菌の細胞と一緒にすると細胞の内液を吸い出してしまうので細菌は死滅します。生ものの保存（獲物の塩漬け、防腐、殺菌作用）に適しています。

また、塩は塩化ナトリウムなので水に溶ければイオン化し、Na^+とCl^-になります。調味料である以前に身体に不可欠な物質です。Na^+三個が細胞の外に出て、K^+二個が細胞内に入ってくることで心臓の筋肉を動かす電気信号を作っています。さらに、胃液の分泌にも関係しています。胃液は塩酸の酸でpHは一～二であり、NaClのCl^-が不足すれば胃酸が不足することになるので食欲が減退します。激しい運動で塩分が不足すると筋肉が正常に動かずケイレンします。逆に摂取量が過剰になると血液が濃くなり、結果として血圧が上がります。

　このようなことから、塩は調味料としてだけでなくさまざまな役目がありま す。筆者が、調味料の内で最も古くから用いられていたと考える理由は以下の 通りです。

①人々の周りや近辺に古くから存在した。
②大量に入手することが可能であった。
③複雑な加工を施さなくても古代人の知恵で十分生産できた。
④人体にとって必須のミネラルである。
⑤食物に対して防腐効果があり、保存性に優れている。
⑥生体に不足気味になるとおいしく感じる。

　以上のことから、塩が最古の生体調節機能を有する食べ物であり、調味料で あったと考えています。さらに、その生理機能について見てみます。

熱中症

大量に汗をかくことで身体から水分と塩分が失われます。これが続くと脱水症状になり、筋肉のケイレンなどが起きます。さらに、暑さに対して血管が拡張し、これに伴う血圧低下で失神も出現します。熱の産生と放散のバランスが崩れてしまうと体温が急激に上昇します。これが熱中症です。

以上のように、汗をかくと水分と塩分が体外に出てしまうため体内では不足ぎみになり、血液の流れが悪くなるので、水分と塩分の補給が重要になります。

塩分不足と過剰

さらに詳しく別の視点から見てみましょう。体内の浸透圧を調節するためにNa^+とCl^-が利用されています。一定の状態を保持するために量を調節しているのは腎臓です。

発汗などでNa^+の量が不足すると体内の浸透圧を一定に保つために体液の量

も減らさなければなりません。このような状態が続くと脱水症状になります。この時、真水を補給すると、生理的にはさらに浸透圧にかかわる塩分を減少させるため、消化管中の水分は多くなりますが、結果として脱水になります。つまり、熱中症のような場合、真水を飲むと組織のNa^+濃度が薄くなり、浸透圧が低くなるので、その時点では浸透圧を一定にするように身体は体液の水分を減少させる方向に働くので、余計に脱水になるということです。したがって、食塩を摂取しなければならないのです。これが経口補給液の役割です。

逆に食塩の摂りすぎは体が浸透圧を一定にするために（薄めるために）、体液量を増加させます。そうすると血圧が上がりますので高血圧になります。これが塩分による高血圧です。

このように食塩は生命維持に重要な役割を担っています。熱帯地方の動物たちが、特に草食動物たちが、塩分補給のために塩分を含む地層をなめに来るのは生命維持のために必要なことです。おそらくその時はおいしく感じているのではないでしょうか。これが調味料の塩の原点ではないでしょうか。

酢について

おいしく感じるのは、身体に必要となるものが不足しがちなときであると考えられます。

基本五味のうち甘味、塩味、うま味はこれにそのまま当てはまりますが、酸味と苦味は本質が異なります。甘味は糖分があるということなので、グルコースなど脳や身体のエネルギーが不足がちのときはおいしく感じます。塩味は前述のように、NaClが不足すれば身体の浸透圧を保てなくなり、熱中症やこむら返りなどが起きてしまうので身体には必須のものです。うま味については、緊急性はないものの、日常的に血と肉になるものを補給する必要があり、うま味のあるものはタンパク質の分解物のアミノ酸が主なものですから、うま味があればタンパク質などを補給する目安になります。では、酢はどうでしょうか。

酸味、苦味の役割

酸味は脳のグルコースとは違う、筋肉などのエネルギーを補給するための信号です。また、身体を動かす運動や仕事をしたときに感じる肉体疲労感は、疲労物質の乳酸を作ってしまうことによります。酸味を摂ることで乳酸生成が抑制され、運動のエネルギー補充にもなります。

これらも重要な役割なのですが、実は人類は食経験のない酸味に関しては忌避行動をとります。自然界にあるもので酸味を呈するものは、腐敗したものや未熟な果実（有毒なものが含まれる可能性がある）が多いので受け入れることができずに、すぐに吐き出してしてしまいます。

苦味についても嫌な酸味以上に拒否反応を示します。アルカロイドといわれる植物性の有毒物質に代表される苦み成分があり、人にとって毒になる可能性が高いので本能的に苦味のあるものは避けるようにできています。したがって、苦味調味料というのは多くはないし、逆に苦味の度合いを少なくする操作が必要です。少量の苦味は食欲増進や胃液分泌に関与するので消化の補助になるのかもしれません。「良薬口に苦し」とあるように、さらに苦くなると薬効を示す場合があります。苦味も食経験により適度な苦みの範囲がわかっているフェヌグリークやホップ、クミン、コリアンダーなど調味料の範囲として使用されるものもあります。

酢と酒について

さて、酢という調味料は醸造酢《じょうぞうす》として、糖やうま味のアミノ酸、ミネラルを含んでいるのでおいしく感じると考えられます。

いろいろな文献や総説には酢が紀元前五〇〇〇年頃には作られていたことが述べられています。果実や穀類などの糖類がアルコール発酵した、いわゆる酒が偶然発見され、それをもとに再現させようとして酢を手に入れたのだと考えられます。その時の温度や湿度、設定期間などの条件がそろうと再現され酒ができますが、少し期間が長かったり、酢酸菌が多かったりするとアルコールが酢酸《さくさん》まで変化して酸っぱい液体になってしまったのではないでしょうか。このことから酒と酢の起源はほぼ同じといわれています。通常、酸味のあるものは避けるような行動をしますが、酒として甘く不思議な感覚が残る食べ物や飲み物だったものが、酸っぱくなったので、食べて大丈夫と考えたのかもしれません。特に果物から作った酒のワインやリンゴのシードルなどは初めから酸味があったのかもしれません。

さらに、ビールからはモルトビネガー、ナツメヤシからはデーツビネガー、蜂蜜からはハニービネガーなど原料の違いで世界各地の酒から種々のビネガーが作られています。

日本では米から作った酒から酢になったので、酢のことを苦酒《からざけ》といっていました。ワインも酸っぱいワインという意味のワインビネガーがあります。

酢の歴史

　酢は調味料として塩より先に歴史に登場するようですが、食べ物としての記録と考えられます。塩に関しては食べ物や調味料ではなく保存料として、生肉や魚が腐らないように使用していたので、はじめは食べ物との認識はなかったのではないかと考えています。塩味を楽しむというような使い方はずっと後のことなのかもしれません。

　酢は、食べ物が別のものに変わって、後で考えてみるとおいしく、保存にも食中毒予防にも使えることがわかってきた、といったところでしょうか。酢ははじめから調味料だったのではないかと考えています。

　例えば、膾《なます》は日本の料理のうちでもっとも古いもののうちの一つと考えられています。中国では細く切った生の肉を酢につけた物を膾としていましたが、日本では生の魚を小さく切って酢で鱠《なます》を作っていました。今は大根や人参を細かく切ったもので「なます」を作っています。このような酢の使い方で世界的に人気のあるものが寿司です。もとは飯と魚を乳酸発酵させ腐敗しないようにしたのが始まりです。乳酸発酵の代わりに、酢を用いて魚を洗って酢飯の上に乗せたものが、マス寿司、鯖《さば》寿司であり、少々の保存が可能です。今はみなさんご存じの握り寿司は酢飯の上に刺身を乗せ、抗菌と防腐と食欲増進のためにワサビなどをつけます。いわゆる早寿司《はやずし》です。これは江戸時代に発明されたものです。

酢の料理効果

酢については、調味料としての食材に対する機能性と、健康利用としての人に対する機能性の両面から多くのことが調べられています。

① 食材に対する効果としては酸味を与える。塩味との調整に使う。人に対しては食欲が増す。減塩ができる。

② 酢による酸性で腐敗しにくく、食品の保存が可能である。

食中毒菌はアルカリ性で増殖しやすく酸性では抑制される。人に対しては食中毒予防になる。

③　酸性なのでpHが下がり、アントシアニン類がおいしそうな赤に色づく、例えば生姜の酢漬け、赤キャベツのピクルス、梅干しなど。また褐変《かっぺん》を防ぐ。人に対しては、ビタミンCの分解を防ぎ有効利用できる。

④　魚の生臭さは鮮度の低下に伴い発生するトリメチルアミンなどによるもので、アルカリ性である。したがって、酢で酸性にすれば中和され、この臭いを防ぐことができる。人に対しては有害物質のニトロソアミンなどの生成を防ぐことができる。

酢の健康効果

さらに、健康に関する作用として、疲れを取る作用があります。前述しましたが酢酸はエネルギーを作るクエン酸回路を活発化し、疲労物質として生成する乳酸を減少させるので疲労感が軽減されます。酢を摂ると疲れが取れたようにすっきりするのはこのような代謝系が働いているからです。

脂質代謝改善作用もあり、動物実験や人においても総コレステロールなどが減少したという報告があります。

また、酢を摂ることにより、食後の血糖値が低く抑えられるという報告もあります。

さらに、血圧調節作用や肥満防止にもよく、酢によってカルシウムを吸収しやすくなるので、骨粗鬆症の予防にも良いのではないかという研究も行われています。その他にも、人に対する多くの効果や可能性が考えられ調査・研究されています。

このように、酢がおいしいと感じられるのは味だけでなく、身体の調節にも働いているからなのかもしれません。もちろん塩も同様ですが、必須度が違うのではないかと考えます。塩はなくては生きていけない。酒や酢はなくてもそんなに問題は起きません。

　近年は塩分の摂り過ぎで高血圧や動脈硬化などの生活習慣病が問題になっていますが、酢には減塩効果があります。つまり、薄い塩分濃度の食べ物はおいしくないので塩を追加するようになり、それに慣れるとさらに塩分を濃くしたくなります。このとき酢を混ぜると物足りなさを感じなくなりますので減塩効果になります。

　酢についてはいろいろ健康効果がありますが、摂取する量によっては問題があります。多くを摂れば胃腸に負担をかけることは想像できると思います。人は酸っぱいものを避ける習性があるのに多く摂ってしまってはかえって体調が悪くなってしまいます。

「良い塩梅」という言葉がありますが、塩味と酸味のバランス（ここでは梅酢）が絶妙な割合になっていて人の味覚の範囲内でおいしく感じるとき、まさしく良い塩梅になります。やはり酢は、味覚に合った調節可能な範囲内での摂取こそがおいしく健康にも良く、まさに優れた調味料なのかもしれません。

次に塩がなければできない醤油、味噌について見てみましょう。

醤油について

筆者は、醤油の前の段階は塩漬け、もしくは醬と考えています。

紀元前数千年の昔、そこで暮らしている人類が、海の果ての先は滝のように海水が流れ落ちると単純に考えていた頃、つまり獣や鳥、魚を採って生命を維持していた狩猟採集漁労時代には、獲物がたくさんとれた時は充分な食事ができました。しかし、それらが食べきれないときは腐ってしまいました。そして、不猟の時は空腹で力も出なかったでしょう。木の実や果物、穀類などで飢えをしのいだと考えられます。

そのうち、獲物を海水で洗ったり、海岸に打ち上げられた海藻や山岳地帯の塩辛い石の粉にまぶしておくと、腐りにくいことに気付き始めます。塩のところで記述しましたが、獣肉の臭みや腐敗臭、魚の生臭さが抑えられることがわかってきました。さらに、塩を用いるとおいしく感じ、お腹を壊すことが少なく、保存が可能だと気付いたのです。海水を天日で蒸発させると白い粉ができ、これが作用していることと考えたのでしょう（ちなみに、餌を海水で洗って食べることを発見したサルは、食べ物を必ず海水で洗うそうです。塩味が気に入ったのかもしれません）。一方、山では岩塩となって存在していることを発見しました。これを使うと魚や肉のおいしさが長続きし、長期保存に適していることを学習しました。その頃には獲物を入れておく器が発明され、塩漬けのものを長い時間放置すると、肉や魚が溶けてしまい液体になることを経験しました。その汁をなめてみると、塩辛いがおいしいことを発見しました。

つまり、塩を使うことによって肉や魚、穀類や野菜類が腐りにくく、さらに放置すると味のよい液体になることを知ったのです。これは、塩によって腐敗を起こす菌が抑制され、人にとって良いものを作る発酵菌が優勢になり、肉や魚のタンパク質が適度に分解して甘味やうま味のあるアミノ酸や核酸が遊離し、乳酸発酵して酸味が付いたからです。

醤の発見と発明

古代中国の「周」の時代には、前述のようなものを醤といいました。『周礼』は周王朝の行政組織や制度を記録したもので、それには王の食事をつかさどる官職が記録してあり、多くの醤を使いこなしていたことがわかります。肉や魚を塩に漬け、肉醤《ししびしお》や魚醤《うおびしお》などを調味料として使っていたようです。農耕が盛んになると穀類による醤の穀醤《こくびしお》も現れました。中国の最古の料理書である『斉民要術』には醤の作り方が記してあります。これによると、この時代は穀醤が多く作られたようで、詳しく記述されており、「黒大豆を蒸して加熱し、白塩《はくえん》と荏胡麻《えごま》や麦麹《むぎこうじ》などを入れ、よく混ぜ、三〇日程度で熟成したら、さらに塩を入れて混ぜ、沪過《ろか》したものを三〇日くらいかき混ぜ、出来上がりまで一〇〇日を要す」、とされています。肉醤は牛、羊、鹿、兎の肉を使用し、魚醤は鯉やライギョ、セイギョを用いたようです。

日本でも七〇一年に制定された「大宝律令」には醤院《しょういん》という醤を保管する場所があり、さまざまな醤を使っていたようです。『本草《ほんぞう》和名《わみょう》』（九一八年）や『延喜式《えんぎしき》』（九二三年）、『和名類聚抄《わみょうるいじょうしょう》』（九三八年）などには草醤《くさびしお》、魚醤、穀醤、肉醤が記載されており、この頃にはすでに醤が調味料にされていたことになり、古い時代からの発酵食品（発酵調味料）です。

今もある日本の醤

日本では穀醤が醤油の発明につながったという説があります。肉醤や魚醤は材料の獣肉や魚の捕獲量に左右され、さらに保存の方法が穀醤より難しいので、栽培して手に入る安定した穀醤が主流になったと考えられます。

しかし、秋田のハタハタを用いた「しょっつる」や能登半島のスルメイカやイワシ、サバ、アジを使用した「いしる」などは今も作られており、魚醤の名残と考えられます。また、今でも販売されているイカの塩辛などは、現代版の即席魚醤なのかもしれません。

次の味噌の項でも述べますが、鎌倉時代の覚心《かくしん》という僧が中国に留学し、帰国したときに持ち帰ったという味噌の製法があります。金山寺味噌《きんざんじみそ》（または径山寺味噌《けいざんじみそ》）といい、その桶に溜ったものを「溜り」といって使ったのが醤油になったという説があります。

醤油は、穀醤が起源か金山寺味噌の溜りが起源か専門家でも判然としないようですが、米や麦、大豆を醸して、塩で調節した汁がおいしかったので調味料として使われるようになりました。これが室町時代から江戸時代になると醤油や味噌が庶民にも手が届くようになり、大量に作る必要が出てきました。その製法が確立され、醤油は醤油、味噌は味噌の作り方に区別されていったのでしょう。

醤油の役割

醤油には甘味、酸味、塩味、苦味、うま味があり、肉や魚の生臭みを軽減したり、醤油漬けにして日持ちを良くしたり、他の食材の味を引き立てる役目があります。日本食にはなくてはならない調味料のひとつです。

大豆や小麦のタンパク質、デンプンが酵素で分解されて、うま味の物質としてグルタミン酸を中心に多くのアミノ酸が生成されます。酸味の成分としては、乳酸、酢酸、クエン酸が作られ、甘味としてはブドウ糖ができます。醤油のうま味は麹菌や酵母によって適度に代謝分解されたものが、複合的に相乗効果を生み独特の味や香りを醸し出します。

現在は、濃い口醤油、薄口醤油、溜り醤油、再仕込み醤油、白醤油の五種類があり、日本料理の基本の味と考えられています。

調味料として、肉や魚の臭みや生臭さを抑制し、煮物にして熱をかけるとよい香りの物質が生成し、その場にいるだけで食欲が増します。特に、そばつゆやめんつゆを作るときに顕著に違いがわかります。他のうま味成分と相互作用し、相手を引き立てる性質があります。嫌な味や香りはマスキング（矯味矯臭作用）します。醤油は醤から進化したものと私は考えますが、今、日本の調味料として世界中から注目されています。

味噌について

中国では前述の塩を用いて肉醤、魚醤、草醤、穀醤を作りました。これらが日本に伝来したのかもしれません。しかし、一説には中国から伝えられたのではなく、古代の日本にも肉醤、魚醤、草醤、穀醤が存在していたのではという考え方があります。このうちの穀醤が長い年月を経て改良され、染み出る液体をよりおいしくしたのが前述の醤油になりました。では、味噌はどのように作られていったのでしょう。

味噌のなりたち

古文書には未醤《みしょう》という文字が出てきます（『養老律令』）。つまり、「いまだひしおにならず」、ということでしょうか。醤は染み出した液体ですから、穀醤の場合、大豆や米、麦などを発酵しやすいように細かくしたもの、もしくは擂り下ろしたものを発酵させたものであったのでないかと考えます。穀醤を作るための「いまだひしおにならないもの」は当然、液体ではなくクリーム状のようなものと考えられます。もしかすると、穀類が豊作であったため、腐らないように塩を入れたが、穀醤を作るための塩の量が足りなかった。または穀類の方が多かったため醤にならず（液体にならず）、ほとんどがまだ（未だ）クリーム状のものだったのではないでしょうか。まさに未醤です。これは筆者の想像ですが。ちなみに、末醤（細かく砕いた材料の醤）の写し間違いではという解釈もあります。

さらに時代は進み、醤の項と重複しますが、中国（宋）に修行にいっていた覚心という僧（紀州の法燈国師《ほうとうこくし》：鷲峰山興国寺《しゅうほうざんこうこくじ》の開祖）が日本に戻り、紀州に金山寺味噌（または径山寺味噌）を伝え、その味噌を保存しておいたときに溜まった液体を溜りといい、これが醤油になったという説もあります。これは前述の醤から考えると穀醤でクリーム状のものが味噌ということになります。実際に紀州名物として現在も販売されており、野菜や大豆、麦などはまだ形が残っており、熟成されて大変おいしく懐かしい味がします。醤油が先か味噌が先かはよくわかりませんが、現代の味噌や醤油に照らし合わせると、製法の確立で醤油になるのか味噌になるのか分かれるのではないでしょうか。つまり、何を作りたかったのか、ではないかと思います。穀醤を作ろうとしていた時は、味噌については頭の中にはなかったのではないでしょうか。穀醤を作るとき、麹や発酵菌が少なくて（もしくは前述のように穀類が多すぎて）塩加減が醤を作るには適切ではなく液体にならなかったのが味噌になったような気がします。その味噌でも、少量の液体が溜まったものは溜りになったと考えます。味噌も醤油も塩漬けの醤から発展したことは間違いありません。物事が形づけられる過程においては混沌のような状態が続いていたと考えられますが、その頃の人々はとにかく長期保存でいつまでも食べられるものが欲しかったのだと思います。現代の醤油や味噌という形態は意識していなかっただろうと考えます。

日本の弥生時代や奈良時代にはすでに、醤は作られていたようですが、いろいろなものが区別されていませんでした。しかし、「大宝律令」（七〇一年）や「養老律令」（七一八年）では醤院が設置され、宮中の組織や役割が決められて区別されていきました。

ここに、醢《かい》（肉の塩からのようなもの：肉醤か？）、雑醤《ざっびしお》（草醤、魚醤、穀醤か？）、未醤（具体的には不明：ここでは未だ醤にならないもの → 筆者は味噌の原型と考えています）、豉《し》（煮た大豆に塩を加えたもの）、酢、酒、塩が記録されています。酢や酒、塩は今でもその名前で調味料として使われているので、その存在はわかりやすいのですが、豉についてはよくわかりません。

この点については後で触れることにします。

味噌の種類とおいしさ

味噌は未醤からできたとして、味噌について考えてみます。味噌の原料としては大豆を使います。大豆は肉類と同じようにタンパク質を多く含み大地の肉と呼ばれています。この大豆と米や麦の麹菌と塩を入れ、発酵させて熟成させたものが味噌です。米味噌は大豆と米麹と塩で、麦味噌は大豆と麦麹と塩で、豆味噌は大豆と大豆麹と塩で醸したものです。ここで塩を入れるのは腐らないようにするためです。醤を作る時に使った伝統的な方法というか、その頃は慣習だったのでしょう。塩をある程度入れることによって、腐敗菌や有害菌が発育しにくくなり、発酵に必要な良い菌（麹）が優勢になり大豆が程よく分解代謝されて醤ができ上ります。つまり、大豆などに含まれる多くのタンパク質が分解され、現在の栄養ドリンクに配合されるアミノ酸のように補給が容易な形になったと考えられます。そのアミノ酸にはおいしさを呈するグルタミン酸やアスパラギン酸、アラニン、グリシンなどもあり、栄養補給にもなり、おいしくもあり健康に必要な栄養素を兼ね備えています。栄養補給は食べたときにその場で感じることは難しいのですが、おいしいという感覚は食べてすぐにわかります。

昔は、戦や遠征の際に、味噌が携帯用食品として重要でした。特に、豊臣秀吉の朝鮮出兵のときなどは食料として味噌は必須だったと考えられます。炭水化物の米とタンパク質の味噌とその原料に含まれる大豆のミネラル、ビタミン、アミノ酸、塩分は栄養満点だったのでしょう。

『本朝食鑑《ほんちょうしょっかん》』（一六九七年）には味噌を食べていれば、「腹中を補い、気を益《ま》し、脾胃《ひい》を調《ととの》へ、心腎を滋《じ》し、吐《と》を定め、瀉《しゃ》を止め、四肢《しし》を強くし……以下省略」という滋養強壮的な表現が見られます。

味噌の使い方

味噌を日常的に使うようになってからは応用編が始まり、なめ味噌、練り味噌、焼き味噌など用途によって種類があり、後に柚子味噌、山椒味噌、鯛味噌、にんにく味噌、わさび味噌などもでき上がります。

鎌倉時代には、すり味噌の味噌汁が考案され、戦国時代は前述のように栄養のある携帯食となりました。腹が減っては戦にならぬということで、おいしい味噌で食欲を増し栄養をつけて戦いました。ついでに塩分も摂れるので、熱中症の予防にもなります。江戸時代になると、味噌の食文化ができ上がりました。保存のためが主な目的であった味噌に魚や肉、野菜を漬けておくとほどよく発酵して、うま味成分と漬けた食材自体の味や風味が醸され、新しい味が堪能できるようになることを知りました。醤油や塩でも同じようなことができますが、塩辛すぎることもあり、味噌の相乗効果がよりおいしさを増すことを経験しました。

味噌の地域性

味噌をうまく使うスキルが確立した時代には、非常食や携帯食だけではなく、味を楽しむために用いるようになります。

味噌の文化は日本独特のもので、地方ごとにその実情や慣習に合わせた味噌の作り方があり、地域の名前がついている味噌が多く存在します。気温や湿度などの違いで地域によって作り方やレシピも異なるのだと思います。

現在は味噌を単独で用いることはそんなに多くはありません。味噌を使った料理を考えると味噌汁が最初に来るでしょう。味噌汁は鎌倉時代から現在まで食べられているものです。前述のように味噌を使ったものは健康によく、おいしく、日本の食文化にもなっており、それらを食している日本は世界に名だたる長寿国になっています。そんなことから、味噌の健康に対する調査や研究が盛んに行われています。

味噌の効用

味噌の効用をいくつか挙げてみます。血中コレステロールを下げる、動脈硬化を防ぐ、血圧上昇を抑制する、さらに抗酸化作用、抗腫瘍作用、肥満予防作用、骨粗鬆症予防作用、その他、多くのことが調査研究されています。放射線の防御効果まであるといわれています。

近年はそれらの作用を証明するために含有成分についても調べられており、イソフラボンや大豆サポニン、トコフェロール、メラノイジン、トリプシンインヒビターなど、物質レベルまで検討され、健康効果の根拠が確かになりつつあります。それらの適切な摂取量までわかれば身体にいいことが実証され、利用しやすくなります。減塩を含めて調査されることを望みます。

しかし、味噌は何といっても日本の食文化を代表する素材であり調味料の一つです。その作用は調理学や栄養学、料理研究の対象になるのが本来です。

味噌は魚や肉の生臭さや獣臭さを軽減し、漬けておくことでうまみが増し、他の食材の酸味や塩味を和らげます。出汁と一緒にするとよりおいしくなり、もとの味噌と出汁で二倍以上のおいしさを引き出す相乗効果があります。抗酸化作用もあるので味の劣化や食材の腐敗も防ぎます。味噌は調味料としてさまざまな恩恵を与えている歴史的な食べ物です。

「豉」について

ここで前述の「豉」について調べてみました。豉は味噌なのか醤なのか納豆なのか興味があります。

『斉民要術《せいみんようじゅつ》』の解説によると、豉は「し」と読み、「くき」ともいわれており、味噌や納豆の類とされています。大豆を発酵させて作った食品で乾納豆や浜納豆の種類です。『国訳本草綱目』の解説では「大豆豉、からなっとう」と記載されています。しかし、塩を入れてから発酵させているので納豆菌は増殖せず、味噌や醤油のように麹菌が優勢になるので、糸を引くような納豆にはなりません。いわゆる寺納豆といわれるもので、塩納豆、浜納豆、大徳寺納豆、一休寺納豆、大福寺納豆、法林寺納豆などがあります。

一方、『本草綱目』には淡鼓《たんし》、鹹鼓《かんし》、鼓汁《しじる》の製造法が記載されています。これらは漢方薬の原料となる生薬であり、『傷寒論』という漢方の原点ともいわれる書物には、香鼓《こうし》として載っています。『臨床応用傷寒論解説』には淡豆豉《たんずし》ともいうとしています。この生薬を配合した漢方薬に「梔子鼓湯《しししとう》」があり、「発汗して嘔吐下痢した後に虚煩眠るを得ず」、という症状に適用になります。

また、「心中懊憹《おうのう》を主治する」とあり、香鼓は風邪などで頭痛し、熱のあるものや寝汗を止め、胸苦しさを除き、気を静め、胃腸を整えるとされています。

さらに、『和漢三才図会《わかんさんさいずえ》』には「葱《ねぎ》と配合すれば汗を発し、塩と配合すれば嘔吐し、韮《にら》と配合すれば下痢を治し、蒜《ひる》と配合すれば血を止める」と記述されています。

鼓はその発酵様式から味噌に属すると考えられ、前述の『本草綱目』には効能効果が表現されており、調味料としても、漢方薬の配合薬としても用いられる食材です。こう考えると前述の味噌の保健効果とあわせて、日本人の長寿のひとつの要因になっていると考えてもよいのではないでしょうか。

以上、おいしく、栄養があり、機能性のある食材としても古くから受け継がれている味噌は、調味料としてだけでなく健康効果も含めて日本の食文化を担う重要な食材です。

「さしすせそ」と調味料

これらの調味料は生体に対して何らかの作用があり、栄養はいうまでもありませんが、生理作用や機能性サプリメントのような効果、それに調理効果もあります。このことを考えると、生きていくための毎日の食事に関係してきますので、おいしそう、おいしい、香りが良い、見た目が食欲をそそる、などは大切な要因であることがわかります。そのなかでも「さしすせそ」が基本になるということです。

つまり、調味料が体にいいというのは、食欲を増進させる働きがあることが大きな理由です。薬のような作用は通常の食事では考えてはいないと思います。調理をするということを前提に調味料を使い、これの目的は料理をおいしくすることになります。もちろん身体にいい作用を期待して食べることは大切なことですが、これには毎日の食事に量的な要素が必要になります。スポーツ選手、アスリート、ダイエットでは、摂取量の調整は常識と考えますが、一般には、おいしく、楽しく、身体に良い毎日の食事は自然体がいいのではないでしょうか。

生活習慣病や、すでに何らかの疾病に罹患している場合は、食材やその量の制限が必要になります。これは医療関係者や栄養士にアドバイスを受ける必要があります。

毎日の健康のため、いろいろな予防のためと考えるなら、便利な「食事バランスガイド」がお薦めです。食材や調理品、加工食品について一日に必要なカロリーや栄養素が計算でき、自分で自由に組み合わせることが可能です。

「さしすせそ」のまとめ

この辺で、「さしすせそ」についてまとめてみたいと思います。

「さ」

調味料の砂糖は肉を柔らかくしたり、泡立ちを良くしたり、適度な加熱は食べ物に艶や色合いを与え、シロップ、フォンダン、カラメルなどと温度によって状態が変化し、甘くておいしい味覚の相互作用を作り出します。さらに、デンプンの老化や脂肪の酸化を防ぎ、食材を長持ちさせます。水分活性も低く抑えることができ、食品の防腐効果や保存性を高めます。調理の際は少しずつ添加し、適量を考えじっくり見極めます。そうすることによって肉や魚が柔らかくなります。また、砂糖はスクロースとグルコースが結合した二糖類なので水に溶けますが、生体の酵素などがない限り物質としては変化しません。消化されてグルコースになり脳や筋肉のエネルギーになりますが調理では甘味料です。塩は水に溶けるとナトリウムイオンと塩素イオンになるので食材の中に入り込みやすく食材の細胞内の水分を吸い取ってしまうので、分子量の大きい砂糖を先に使用しないと食材の細胞内の水分に溶けなくなってしまいます。このことから「さしすせそ」の「さ」を先に使わないと砂糖の効果が発揮されなくなってしまいます。

「し」

塩は砂糖と同様に生理作用が重要な物質です。生体内では塩分濃度が大切で、一定になるように調節されます。不足気味のときは塩分を欲することになります。しかし調味料として多く使いすぎるとおいしくなく、失敗の料理になってしまいます。同時に、これは人の身体にとっても不必要な量なので、何らかの障害を察知して人は摂取を拒みます。塩は調味料としては適切な量が狭い範囲で存在し、これに合わせなければならないようです。少量で味の相乗効果があり、使い方によって料理の良し悪しを決定します。さらに、他の調味料との相互作用がわかっており、甘い物に塩を少量入れると甘さが増したり、酢の酸味を抑制したりします。また、防腐作用や保存効果があり、塩漬けにすると、食材の細胞から水分が出てきて長期保存が可能になます。さらに、生臭みも水分と一緒に取り出してしまうので、魚などははじめに、振り塩、立て塩、紙塩を使い分けて調理の下ごしらえをします。塩の使う量で他の調味料や食材の変化が起きますので、微妙な量の調節が重要なポイントになります。

「す」

酢は胃を刺激して食欲を増進させ、クエン酸回路を回転させてエネルギーを作り、疲れをとる作用がありますので、少量または適量を用いると効果的です。魚類のアルカリ性のアミン類による臭みは酢の酸性で中和することによって取り去ることができます。しかし、酸は腐敗のときにあらわれるものなので、質の良くない酸味は受け入れられないように生体が反応します。したがって、人は食習慣の範囲の濃度を受け入れていることになります。食用の酢でも濃度が高ければ避けるようになり、特に揮発性の酸味が強く鼻から抜けるようなものは通常受け入れられません。料理人は、甘酢煮や酢豚はおいしいという範囲で実によく揮発性の酸味を調節しています。また、食中毒菌は一般にアルカリ性を好み、酸性では増殖しにくいので、酢漬けなど酢を利用したものは食中毒防止にも役立ちます。塩梅を意識して使うと魅力的な調味料になります。

「せ」

醤油は、穀類や野菜、肉類、魚類の塩漬けが起源とされ、古代中国では醬といいました。日本の醤油は、大豆や小麦などを塩漬けし発酵させて作ります。塩漬けのときに塩の抗菌作用で腐敗菌などの不用な菌が増殖できなくなり、発酵に関する乳酸菌や麹菌などの良い菌が増殖できる条件を経験的に知って、保存しておいたらおいしい液体になっていたのを見逃さなかったということでしょう。いい菌はたんぱく質を分解し、うま味のアミノ酸や核酸を作り出しました。したがって、醤油は香りやうま味が多いので、調理の際、火加減は適度な温度にし、それ以上の加熱はうま味や風味を台無しにします。煮物などは長時間熱をかけるものもありますので、料理の種類によって使い分けることが必要です。

「そ」

味噌は発酵調味料で、穀物から作った醤のようなものと考えます。大豆や米、麦を原料として麹で発酵して作ります。塩を入れて腐敗菌や雑菌、カビ類を防ぎ、醸して熟成させます。醤油と原理は同じですが、味噌は液状ではありません。味噌は調味料ですが、そのまま食べる利用法があります。金山寺味噌などはなめ味噌といい、直接温かいご飯にのせて食べればもう逸品料理です。また、味噌を使うときは調理の温度が高いと独特の風味を損なうので、加熱には注意が必要です。味噌汁などは加熱が終わってから溶かすように入れることがお薦めです。つまり、調理の最後の段階で入れると効果的ですので、「さしすせそ」の最後にきています。

以上が日本の料理の典型的な調味料ですが、これらの他に香辛料、スパイス、ハーブなど関連するものがありますので簡単に触れておきたいと思います。

四　香辛料とは何か

次は香辛料について考えてみます。

香辛料を辞書やネットに流れている情報で調べて見ると、『ブリタニカ国際大百科事典』では、「スパイスともいう。食品の調味料として好ましい芳香と強い辛味を持つ香辛料、植物の種子、果実、つぼみ、葉、樹皮、根茎などを乾燥したもの。」としています。

『広辞苑』では、「辛味または香気を飲食物に付与する調味料、コショウ、ショウガ、サンショウの類のスパイス。」、『大辞泉』では、「飲食物に香気や辛味を添えて風味を増す種子、果実、葉、根、木皮、花など。」と記述されています。

『日本大百科全書』では、「主として熱帯、亜熱帯、温帯地方に産する植物の種子、果実、花、つぼみ、葉茎、木皮、根塊などで刺激性の香味を有し、飲食物に風味や着色を施し、食欲増進、消化吸収を助ける働きを持つものの総称。

日本では薬味とも呼ばれていた。香味料ともいわれている。」、『世界大百科事典』では、「飲食物に芳香や風味を付加するために用いる植物物質で、精油成分、辛味成分、色素などを含む。」としています。

全日本スパイス協会のホームページでは、「植物体の一部で、植物の果実、果皮、花、蕾、樹皮、茎、葉、種子、根、地下茎などであって、特有の香り、辛味、色調を有し、飲食物に香り付け、消臭、調味、着色等の目的で使用し、風味や美観を添えるものの総称であり、スパイスとハーブに大別される。」と、かなり詳細に特徴をつかんで説明しています。筆者はこの解釈に賛成です。

一方、日本の食品衛生法の「食品衛生法第十一条第三項の施行に伴う関係法令の整備について」の別添で香辛料、スパイス、ハーブの定義が以下のように示されています。

「香辛料とは、食品に特別な風味を与えることを目的とし、比較的少量使用される種々の植物の風味または芳香性の葉、茎、樹皮、根、根茎、花、蕾、種子、果実、又は果皮等をいうこと。香辛料はスパイス及びハーブに大別されること。」、さらに別添には、個々のスパイスとハーブについて例を示して説明しています。スパイスの項では「スパイスとは食品に風味付けの目的で比較的少量使用される種々の植物由来の芳香性樹皮、根、根茎、蕾、種子、果実、または果皮をいい、……（以下省略）」としてアサの種子、ウイキョウの種子など多くのものを具体的な例として挙げています。ハーブでは「ハーブとは、食品に風味付けの目的で薬味として比較的少量使用される種々の主に草本植物の葉、茎、根及び花からなり、生のまま、または乾燥したものが使用されるものをいい、……（以下省略）」としてアニスの葉、アニスの茎、アンゼリカ、ウイキョウの葉、ウイキョウの茎など多くの個別のものを定義しています。

以上のことから、香辛料とは食品に香りや風味、辛味を与えることが目的で、それに伴う着色や消臭、その他の効果が考えられ、食べることを前提とした定義です。食品衛生法関連なので薬用と食用を分けることは重要であり、区別するために個々のものを定義しておくことは大切なことです。しかし、法律に直接関係しない範囲では分け方が人によって、もしくは組織や団体によって異なるところがあります。

　また、食物の保存性や食欲増進など身体に対する副次的な有用な機能は、別に調査研究されています。

　大きくスパイスとハーブに分けられることは、それらの性質を整理するためにとても有用です。しかし、当然どちらにも属するようなものも考えられます。

　香辛料をスパイスとハーブではなく、用途別に香味料、辛味料、苦味料、酸味料、着色料に分けることも可能であり、すべておいしく食べることを目的としたものです。

スパイスとハーブ

　そこで、香辛料のスパイスとハーブについて調べます。

前述の定義でスパイスは、植物由来の芳香性の樹皮、根、根茎、蕾、種子、果実、または果皮等であり、ハーブは主に草本植物の葉、茎、根及び花からなり、両者とも生のまま、または乾燥したものであり、一部重複しますが、おおまかに使用部位が異なります。

厳密にスパイスまたはハーブと分けることができないものもあります。何を前提として区別するかで異なるものも出てきます。歴史的なものか、現在の使用法か、調理用か、生体に対する機能か、食の機能か、調理の効果なのかなどいろいろな場合が考えられます。

スパイスとハーブに関する歴史的な考察

名称について

スパイスはラテン語の「種類」の種《しゅ》(species) が語源といわれています。当時のヨーロッパにはない新しい植物種で香りがよく、食欲をそそる種（species）なので、これらのことを新しい〈species〉とし、それがスパイス（spice）となったという説です。

ハーブはラテン語の〈herba〉が語源と考えられています。これは、葉または草本性の植物という意味があります。

地理的な条件について

珍しいスパイスは、古い時代のヨーロッパではどこで採れるかもわからない輸入品であり、はるか遠くの東方の国から陸路を何カ月も旅して運ばれてきました。また、遠い国からヨーロッパまで運ぶ間に多くの人の手を介さなくてはならず、砂漠をラクダとともに運ぶのは命がけの仕事であり、時間とお金がかかりました。このようなことから海路を開拓することが当時の課題でしたが、まだ誰も経験したことがありませんでした。

一方、ハーブは薬として使われていた長い歴史があります。文明が発達する前、原始時代から身近な植物にけがや病気を和らげる効果のあることを見出してきました。それが薬草です。メディカルハーブともいいます。薬として使用するには、けがや病気に素早く対応する必要があります。したがって、身近にある植物を試行錯誤しました。当時の薬とは薬草のことですが、身近にあるか栽培できるものでなければなりません。東方の国から何カ月もかけて運ばれ、いつ手に入るかわからないものは薬としては不適切です。病気の進行は待ってはくれません。

気候と栽培について

スパイスは主に熱帯・亜熱帯で生育する植物から得られます。温帯でも育つものもありますが、その当時はさまざまな技術が未発達だったので、栽培しにくく輸入に頼っていました。また、栽培するにしても原植物がどれなのかも明らかではないような時代でした。現在でも大々的に栽培するならば、熱帯の気象条件が整っているところに設定した方が効率的であると考えられています。

　前述のようにハーブははじめメディカルハーブ（薬）として治療に使われていました。病気を治すためにはすぐ手に入るものでなければならないので、地元で採れるものが優先されます。つまり、身近なところに生育している植物を使うので、気候条件は当地のもので充分です。身近な植物なので栽培は比較的容易で、後に教会や修道院などで栽培するようになります。それらの中から作用が緩和で香りに特徴があり、おいしく感じるものが調味料、香辛料のハーブになっていきました。治療のために使用する量よりも少なく、なんとなく熱が出そうだとか、疲れが取れない、胃腸の調子が良くない、便秘気味だなどというときに予防のために香り程度で用いていたものがハーブティーなどになったのではないかと考えます。

調達法について

前項と内容が一部重複するところもありますが少し考えてみます。

スパイスは古い時代のヨーロッパの国々が必要としたもので、熱帯地方にしか生育しない植物を基にしていました。当時は陸路を使い、主にアラビア人などが隊商を組んで何カ月もかかって運びました。このような時代が長く続き、運搬の料金が高騰し値段も高くなっていきました。それでも、ヨーロッパの国々はスパイスを手に入れようとしました。そのうち大型の船が建造されるようになり、海路でインド方面に行くことを考え始めました。大航海時代のはじまりです。エンリケ航海王子、バーソロミューディアス、バスコダガマ、マゼラン、コロンブスなどが有名で、多くの人々が挑戦したと考えられます。しかし、成功した一部の人たちの記録が残っているにすぎません。

船を用いると大量に運ぶことができ、時間も短縮されました。当時の技術では危険を伴うのが常であったと考えられますが、砂漠の隊商による中間搾取もなく自由に持ち帰ることができました。種子や苗も確認して持ち帰ることができたのではないでしょうか。しかし、持ち帰った自国では栽培は思うようにいかなかったと考えられます。

一方、ハーブは、薬として使用しているので、地元で採れる必要があります。植物ですから、気候や日照条件、その他の条件があり、また植生も地理的に異なるので、近隣の土地から探しました。とは言っても迅速に手に入れることが必須条件です。現在、有効成分が分離された有用な植物は、熱帯に多くありました。しかし、このような熱帯の薬草は入手に時間がかかり、治療に間に合わないので、利用されなかったのではないかと考えます。それに対し、香辛料のような生き死にに関係しないものは、何カ月かかっても、手に入れたいと思う嗜好品であり、冒険の対象となりました。海路でも現在と比べると多くの時間がかかったと考えられます。

価値

当時のスパイスは、はるか遠くの国から運ばれてくるもので、いわゆる運賃や人手（人件費）がかかり、当時としては金《きん》よりも高価であったといわれています。

一方、ハーブは野菜や果物と比べると高いと考えられますが、自分で採取に行くか栽培できるものが多く、稀なメディカルハーブでも比較的近くのものを使います。つまり、身近に存在するものを利用して医療に用いていました。したがって、その当時のスパイスに比べると高価なものではありませんでした。

乾燥か生か

スパイスは基本的に乾燥品であることは今も昔も変わりません。陸路を長時間かけて運んだ経緯があるので、途中で腐ったり、カビが生えたり、虫がついたりします。これらに対しては乾燥させるのが最も良い対策でした。何百年もの間、乾燥のホールや乾燥の粉末で使用してきたので、その経験に基づく使用法や保存法などの情報が言わば常識になっており、それが今でも残っています。

ハーブは、古くは薬草として使用されていました。いわゆる薬なので、春に採集した薬草は、最低、次の年の採取時期まで保存できなければ薬の役目を果たしません。いつ病気になるかわからないこともあって、その時代では乾燥させることがその方法でした。これはスパイスと同じです。しかし、使用目的は治療ですが、少量用いれば香りがよく、気持ちが落ち着き、食欲が回復し、やる気が満ちてくるものがあることに気づきました。このことは薬用量よりも大変少ない量で効果があり、薬としての役目より食用や飲料にしたいものが認識されていきました。いわゆるハーブティーのようなものです。アロマを目的にし、使う種類や量を調節し、ちょうど適しているものが飲用になりました。これらは香りが大切であり、乾燥すれば香りが飛んでしまうので、生のまま使うものが主流です。しかし、保存することを考えると乾燥品になります。

スパイスとハーブの現代的な使用法や科学的なエビデンス

食品機能

スパイスとハーブで厳密には分けることができない機能がたくさんあります。しかし、あえて、用途が多い、少ない、を指標にして分けてみたいと思います。

スパイスは調味料の機能を持っており、薬草を使う時のようなレベルの使い方や量の調節はしません。あくまでも味覚の範囲内で行われます。特徴として、辛味が強調される場合が多くあります。機能やその効果を考えると、香りづけ、辛味・苦味・酸味・甘味づけ、色づけ、臭み消しなどの機能があります。これらは基本的に料理に用いる機能です。

ハーブは香りや風味を与える作用があります。使う量や使用法によって調理用にもなり、薬用にもなり、中毒を起こすものもあります。調理に用いるハーブの機能は香りづけが中心で、味はあまり強調されません。もちろん香りがあれば、味にも影響することは確かです。また、「ハーブの香り」とは言いますが「ハーブの味」とはあまり言いません。ハーブには食用以外の機能もあり、量の調節が重要な位置づけになっています。香料、染料、防虫、殺虫、薬用など、多彩な使い道があります。

保存効果

スパイスには抗酸化作用やそれに基づく防腐効果があります。さらに、腐敗菌などいくつかの菌に対して抗菌作用が確認されています。したがって、食品の保存効果や食中毒予防が期待できます。

ハーブについても同じような作用を持つものがあるので、保存効果や防腐効果が期待できます。これらのことについてはスパイスとハーブで分けるのではなく、個々の植物の効果としてとらえた方が適切です。

生体に対する作用

スパイスは食用とされるので緩和な作用が考えられます。例えば、トウガラシやコショウの辛味成分は血管拡張作用や発汗作用を示します。しかし、食用の範囲なので、食欲増進や消化促進など健康効果に寄与すると考えられます。多く用いると良くない作用が想定され、それは食用の範囲には入りません。ハーブについても食用のものやハーブティーなどはスパイスと同様です。薬効の出る量は食用としては使わないので食用、飲用のハーブとしては緩和な作用であり、健康効果または嗜好性と考えられます。

薬用効果と食用効果

スパイスもハーブも調理に用いたり、おいしく食べるという範囲で使えば食用効果であり、身体の不調を治す、または病気の進行を止めるために食用量以上（調理で使う常識の量以上）を使えば、民間薬的な効果や治療効果になる場合があります。これはいわゆる薬用効果です。

薬効

すでに述べた項目と重複しますが、スパイスやハーブに薬効や治療効果を期待するのは料理の範疇とは考えられません。確かに両者の含有成分に生理作用や薬理作用を持つものが含まれています。多少含まれているからといって、作用が出るとは限りませんし、作用が出るようにするには量をコントロールしなければなりません（微量成分については判断が難しくなります）。調理はおいしく食べるという目的で量をコントロールし、薬効は病気を治すことが目的で調整します。両者の目的が違うので混同しないようにしましょう。健康保持増進、疾病予防に用いるのは食品としての機能性です。したがって、調味料のうちの香辛料はあくまでも食材ですので薬用植物の薬効としては別の機会に紹介することにします。

食と薬の微妙な位置を区別することは難しく、どちらにも属するような植物が存在するので、「食薬区分」とされ、法律の一環として通知されています。風味付けの量なのか、食味のテクスチャーの変化のための量なのか、薬用効果を期待する量なのかで、表現を変えなければなりません。スパイスやハーブは食用としておいしさを目的に使用しましょう。

薬味とは

スパイスやハーブの定義のところで、「薬味」という表現も出てきました。そばやうどんを食べるときに添えられるネギなどの細かく切った野菜というイメージがあります。「スパイスやハーブのことを薬味ともいう」、としている解説や「ハーブを薬味として少量使う」などの表現もあります。この薬味という言葉もはっきりせず慣用的に使っているような気がします。そこで、ネットで検索できるいくつかの辞書を調べてみました。

『広辞苑』では、「①調合薬の各成分。薬剤の種類。薬種。②食物に添えてその風味を増し食欲をそそるための野菜や香辛料。七味唐辛子・山葵・生薑《しょうが》・葱の類。加薬。」、

『大辞林』では、「（1）風味を増し、食欲を刺激するために添える野菜や香辛料。ねぎ・わさび・しょうが・唐辛子など。（2）薬の原料。薬の種類。」、

『大辞泉』では、「1料理に添えて用い、味を引き立て、食欲をそそる香辛料や香辛野菜。山椒、唐辛子、わさび、ねぎなど。2薬の種類、薬品。」、

『新辞林』では、「食欲を刺激するために添える野菜や香辛料。主に、日本で産するものについていう。ネギ・ワサビ・ショウガ・からしなど。」、

『百科事典マイペディア』では、「日本料理に用いる香辛料。普通でき上った料理にそえるか、あえるのに用い、香味をそえ味覚を刺激する。材料はすべて植物性で、生鮮品と乾燥品があり、併用する場合もある。ふつう用いられるのはワサビ、ショウガ、サンショウ、からし、ネギ、シソ、セリ、ウド、ミツバ、

シュンギク、タデ、ダイコンおろし、のりなど。」

『世界百科事典』では、「日本料理に用いる香辛料。「加薬」ともいう。でき上がった料理に加えて風味を増し、食欲を進めるために用いる。材料はすべて植物性で、生鮮品と乾燥品があり、併用することも多い。汁物に浮かせるユズなどはふつう吸い口と呼ぶ。」

『日本大百科全書』では、「主として日本に産する植物のなかで、香り、辛味、ほろ苦味の強い葉、若芽、つぼみ、種子、果実、根茎から得られ、少量で料理の風味を引き立て、食欲増進、消化吸収に役立つもの。」と記されています。

薬味のまとめ

以上のことから薬味は、香辛料に位置付けられるので風味や食欲を増す役目があり、スパイスやハーブと同様の働きと考えられますが、主に日本で用いられているもので、日本独特の香辛料、香草類であり、使用法も日本固有のものがほとんどです。でき上った料理に使用するようです。また、具体的に名称を挙げることができ、外国ではほとんど使われないものもあります。生鮮品と乾燥品があり、併用する場合もあるようですが、生が主流と考えられます。また、添え物やあしらいとしての薬味の使い方もあります。「つま」とか「けん」、「うわおき」、「吸い口」などがあり、添え方や切り方、置き方で日本料理を楽しませてくれます。参考にした文献によれば、薬味のことを「加薬」とも呼んでいるようです。

また、薬の原料もしくは薬という側面もあります。植物の野菜や果物が食用にされ、その中から民間薬や薬草が区別され、薬草が組み合わされて漢方薬になりました。この間、当然ながら薬草と食材が同一のものが多くあります。

現在は、薬草から純粋な薬効を示す物質が分離され、結晶化されて粉薬や錠剤のようになっているものが多くあります。その粉薬は薬草数キログラムから数ミリグラムしか取れないものがあり、薬草一〇グラムを煎じても、現代の薬の薬用量にはなりません。つまり、薬草でも薬味でも身体に大きく効果の出る量は使用していないと考えられます。少量で作用の現れるものを毒といいますが、いわゆる毒草ともいわれるような作用の強い植物は別です。特に薬味はスパイスやハーブのように考えているので、食材として薬効は期待していないと思います。薬味という表現が薬をイメージしてしまうのだと思います。以下、漢方薬の項でも述べますが、漢方薬とは複数の薬草（生薬）を組み合わせて一つの処方にします。たとえば、葛根湯は七つの生薬で構成されますが、その一つひとつの生薬を薬味といいます。つまり、その時代の「薬（生薬）」と今の時代の「薬」では本質が異なっています。辞書やネット情報で「用途として、薬の原料もしくは薬という側面もある」というのはこの漢方薬の生薬のような考えからきているのだと思います。

そこで、次に理解を深めるために薬用植物（薬草）と生薬、漢方薬、民間薬の違いについて考えてみます。

五　薬用植物（薬草）

植物は動物が生命を維持するために必要な食べ物であり、エネルギー源です。人間にとっても同じです。人が食べるための植物は食用植物であり、野菜類、果物類、穀類、雑穀類、いも類、豆類、種実類、藻類があります。キノコ類は菌類ですが食用に分類されるものもあります。

また、木本の植物は材木として建築等の資材になります。繊維を取るための植物やゴムを取るための植物、染料植物、園芸用の植物、観賞用の植物など使い方によって分けられます。さらに、ケガや病気に使う植物があり薬用植物といいます。

薬用植物とは薬の用に供する植物という意味で草本植物、木本植物、つる性植物、シダ類など、ほとんどの植物のうち薬として使用するものをいいます。この薬用植物を薬草という場合もあります。「草」ではない果実や種、花、つぼみ、木の皮や根、植物ではないキノコ類（サルノコシカケやマンネンタケなど）も薬草と呼ばれています。薬になる植物などを慣例として薬草と呼んでいます。

生薬

植物性生薬は薬用植物の薬用部分を乾燥するなどして、長期保存に適するように加工したものです。『日本薬局方』には生薬の定義があり、「動植物の薬用とする部分、細胞内容物、分泌物、抽出物又は鉱物などであり、生薬総則及び生薬試験法を適用する生薬は次のとおりである。」として各種生薬名が明記されています。また、「全形生薬、切断生薬、粉末生薬があり、乾燥または簡単な加工をしたもので個々のものは各条で規定する」とされています。

薬局方の定義のように生薬には、動物性生薬と植物性生薬、鉱物性生薬があります。

動物性生薬はメジャーなものとして、センソ（シナヒキガエル）、牛黄《ごおう》（牛の胆嚢《たんのう》）、麝香《じゃこう》（ジャコウジカの分泌腺）、熊胆《ゆうたん》（クマの胆嚢）、鹿茸《ろくじょう》（マンシュウジカノの幼角）、反鼻《はんぴ》（マムシ）、牡蛎《ぼれい》（カキの殻）、ハンミョウ（マメハンミョウ）、などがあります。あまり使用されないマイナーなものを含めると結構な数になりますが、植物性の生薬と比べると大変少なくなっています。

鉱物性生薬は数が少なく、毒性が強いものもあり、通常使用されるものは数えるほどです。竜骨《りゅうこつ》（哺乳動物の化石）、芒硝《ぼうしょう》（硫酸ナトリウムなど）、石膏《せっこう》（硫酸カルシウム）、滑石《かっせき》（珪酸アルミニウム）などです。その他、硫黄や鉄、水銀関連のものもありますが、現代科学では毒性があると考えるものもあり、あまり現実的ではありません。

ここでは植物性生薬に限定して話を進めます。植物性生薬、いわゆる薬草は、遠い昔は現代の薬と同じ位置づけでした。怪我や病気はいつ起きるかわからないので、薬はいつでも使えるように用意しておかなければなりません。春に採れた薬草が夏までに腐ってしまったり、カビが生えたり、虫がついたりしては治療ができません。また、冬を越して次の年の薬草の生える時期まで待っても、日照りや災害で採取できない場合もあります。そのような場合、その時代で最も良い保存方法は乾燥することでした。スパイスやハーブと同様です。次の項で述べる漢方薬はいくつかの生薬を配合して処方を作りますが、その際に採取する季節、採取場所、採取年の異なる生薬を組み合わせなければなりませんので乾燥保存が基本でした。したがって、生薬や薬草の効能効果は乾燥品で試行錯誤されたものです。つまり薬草は長い年月の間、乾燥品で評価されてきたので、生ではなく乾燥したものによる薬効が伝えられているということです。さらに、これを証明するように日本には、千二百六十年以上前の生薬が現存します。

奈良の東大寺の正倉院には、天平勝宝八歳（西暦七五六年）に薬物（生薬）が奉納され、それ以来ずっと保存されています。その生薬のいくつかは成分が分析定量され、あるものは現代のものと同レベルの有効成分が含まれていることがわかっています。保存状態が良ければ千二百年以上使用可能であるということです。乾燥保存とは優れた方法です。

漢方薬

漢方薬は中国が後漢の時代（紀元前二世紀頃）に体系づけられたものといわれています。中国独特の考え方で、すべてのものは「気」からできており、気の変化から病気が起きるとされます。地上のすべてのものは陰と陽の気に分けられ、すべてのものは陰と陽の特徴を持ち、さらに、天地の間に、木、火、土、金、水の五つの要因が循環していると考え、すべてのものがこの五つ（五行）に帰属すると考えます。人の重要な臓器である五臓は、肝、心、脾、肺、腎であり、おのおの、木、火、土、金、水に帰属します。生薬や食物の味も五つ（五味）に分けられ、おのおの、酸、苦、甘、辛、鹹《かん》がおのおの、木、火、土、金、水に帰属します。その他、五腑、五官、五香、五季、五労、五声、五星、五音、五帝、五果、五穀、五畜、五志、など多くのものが五行に帰属します（１２４頁の図参照）。そして、すべての陰陽五行のバランスが取れていれば健康であり、病気の治療は五行や陰陽のどの部分がバランスを崩しているかを見極めて補充し、修復していくという考えのもとに生薬を組み合わせるものです。

このように、漢方薬は、陰陽五行説を取り入れて人と自然の調和から逸脱したものを探し、バランスを元に戻す方法を説明した医学体系です。

日本の漢方

昔の中国における医学、いわゆる漢方（中医学）は、その当時の経験医学が多くの書物に記録されましたが、『黄帝内経《こうていだいけい》』や『傷寒論《しょうかんろん》』、『金匱要略《きんきようりゃく》』として集大成されました。

わが国には、五～六世紀頃に伝えられたとされています。しかし、室町時代から江戸時代にかけて日本独自に発展し、日本の伝統医学になりました。したがって、中国の伝統医学の「中医学」と、日本の漢方医学は異なります。日本にオランダ医学が入ってきた時に「蘭方」と表記したのに対して、日本で独自の発展を遂げた医学を「漢方」と呼ぶようになりました。出発点は同じですが、中医学と日本漢方は途中から別の道をたどりました。

漢方薬の考え方

漢方薬はいくつかの生薬を厳密な法則の基に組み合わせたもので、「証《しょう》」という概念で人に適用する漢方処方を決定します。「証」は漢方診断の物差しとなる基準のようなものです。その人の証を決めるには、陰陽、虚実、寒熱、表裏の項目をもとに決めていきます。「陰陽」は人に対して病気がどの程度進行しているかの指標です。病気の進行は陽証の時期と陰症の時期とに分けられ、陽証はさらに太陽病期、少陽病期、陽明病期とその進行具合によって決められます。陰証は、太陰病期、少陰病期、厥陰《けっちん》病期に分類され、しだいに体力が衰え、厥陰病は危険な状態を示します。「虚実《きょじつ》」は実証《じっしょう》と虚証《きょしょう》ともいわれ、「実証」は体力があって、がっしりしており血圧も高そうな人です。「虚証」は体力が衰えて、弱々しい感じの人です。「寒熱《かんねつ》」は寒証《かんしょう》として身体に冷えがあり、手足が冷たく青白い顔をしているような人です。「熱証」は赤ら顔で、汗をかきやすいような人です。「表裏」は病気がどれぐらい身体の深くに入り込んでいるかの指標です。「表証《ひょうしょう》」は熱があり、汗が出て、頭痛などがみられます。「裏《り》証《しょう》」は咳や腹痛、下痢など病邪が深く奥に入り込んでいることを示します。さらに、身体を健康に保つための循環する要因である気、血、水のバランスを考え病態を決定していきます。これらは、望診、聞診、問診、切診で判断します。日本漢方は腹診が中心です。

誰でも知っている葛根湯という漢方薬で考えてみましょう。葛根湯はクズという植物の根を乾燥した生薬の葛根を四グラム、ナツメの実の種を除いて乾燥した生薬の大棗を三グラム、マオウという植物を乾燥した生薬の麻黄を三グラム、シナモンの樹皮を乾燥させた生薬の桂皮を二グラム、ショウガの根茎を乾燥した生薬の生姜を二グラム、カンゾウという植物の根を乾燥した生薬の甘草を二グラム、シャクヤクの根を乾燥した生薬の芍薬を二グラムが配合されているものです。七つの生薬とおのおののグラム数が異なっている場合、基本的には葛根湯とはいいません。

さらに重要なことは、前述の望診、聞診、問診、切診で、気血水の状態をみて、陰陽・虚実・寒熱・表裏を考慮して、患者の「証」を判断し投薬します。

葛根湯の適応症を簡略化していうと、体力がある人で、頭痛、発熱があり、肩や背中が凝っている人で、汗をかいていない状態が適用になります。身体に入った悪い物（邪）を汗として出すことが効能です。この部分が後述の七味唐辛子と関連してきます。また、葛根湯は、体力の衰えた人、著しく胃腸の虚弱な人、食欲不振、嘔吐、狭心症、心筋梗塞、高血圧、排尿障害、甲状腺機能障害のある人には慎重に投与することとされていて、厳密なルールがあります。つまり、単なる薬草やハーブの組み合わせではありません。二千年以上の経験則やその記録と実践で培われ、それが漢方処方になっています。

民間薬

では、民間薬とはなんでしょう。まず、民間療法とは、専門医ではない者による療法であって、厳密なきまりはありません。漢方薬は前述のように経験則で体系づけられ、記録され、それらを応用して臨床に当てはめて病気の治療に活かしたものです。漢方薬も民間療法から発展していったに違いないと考えられますが、民間療法は一般化されていません。また、正式に記録されておらず応用されていません。民間薬は使う量や使い方が厳密ではありません。ただ、昔から今日まで伝承されてきたものということです。例えば、ゲンノショウコを煎じて下痢止めにしたり、ハトムギとドクダミを適量混合して煎じるなど、健康維持に良さそうなもので、地域の民間に言い伝えられたものです。

薬膳

近年、薬膳という言葉をよく耳にします。薬草、生薬、民間薬、漢方薬とも近い存在で、食事に用いるものという感覚でとらえられます。この薬膳という考え方は漢方薬よりも長い歴史があります。食べ物の中から健康を維持する性質の強いものが選ばれて用いられるようになったと考えられます。その延長上には病気予防に適している薬草や生薬、病気を癒す民間薬、病気を治す漢方薬があると考えられます。

紀元前三世紀の中国が「周」といった時代に、周王朝の諸制度をまとめた『周礼《しゅらい》』という書物がありました。その書物には王が病気にならないように、食事によって予防する役目の「食医」がおりました。薬膳はこの流れを汲んでいると考えられます。食用の素材を使い、病気の予防の食養を考え、食べ物で病気を何とかしようとした食療に発展し、後の漢方で使用するような生薬を用いて薬膳を作り上げていきました。中国の薬膳（中医学の薬膳）は予防だけでなく治療も含まれます。現代の日本では食べ物で治療することはありません。つまり、薬膳とは中医学の考え方に従い病気を治す治療食であり、予防する健康食でもあります。日本では、後者を意識していると考えられます。

古い時代は現代と比べて、病気と病弱の区別や体調不良の概念が確立されておらず、予防と治療の区別がはっきりしませんでした。したがって、食と薬の違いも厳密ではありませんでした。薬食同源の考え方はこのような状況で生まれたのでしょう。現代の食用と薬用に当てはめることには無理があるのかもしれません。このようなことから中医学の薬膳と日本の薬膳は治療食と食養生の違いと考えられます。日本では食べ物に効能効果を表示することはできません。「特定保健用食品」や「機能性表示食品」の強調表示はありますが、治療効果は謳ってはいけないことになっています。

しかし、日本流に中国の陰陽五行説の考え方を取り入れた食養生の薬膳はあります。つまり、病気に傾かないようにするための食事です。漢方薬の陰陽五行説のうちの食物に関する五行で食物の五性と五味を考慮し、人の重要な臓器の五臓五腑（漢方では三焦を入れて五臓六腑とする）にどのように働くかを考えて病気になるのを防ぎます。

食物の五性

食物には五行説に基づいて身体を温める性質と、より温める性質のものがあり、前者を「温」、後者を「熱」と表現します。逆に身体を冷やす性質を「涼」、より身体を冷やす性質は「寒」とし、温める作用も冷やす作用もないものを「平」と位置付けます。平は滋養強壮の役目があり、偏りのないものです。温と熱は陰陽の陽であり、涼と寒は陰にあたります。ここで陰陽のバランスをとるために身体が発熱したり、炎症を起こしたときは熱を冷まして炎症を止めるために涼、寒の性質を持つ食物を使います。下痢や貧血、冷え性、しもやけなどは身体を温めなければならないので、温、熱の性質の食物を使います。つまり、陰陽のバランスがどちらかに傾いた時には、症状と反対の性質を持つ食べ物で正常に戻すということです。

食物の五味

五味については五行説の複雑な考え方があります。基本五味と比較して一部前述しましたが、まず、五つの味とは、酸（酸っぱい：収斂《しゅうれん》作用がある）、苦（苦い：消炎作用）、甘（甘い：緩和作用、滋養作用）、辛（辛い：発散作用、

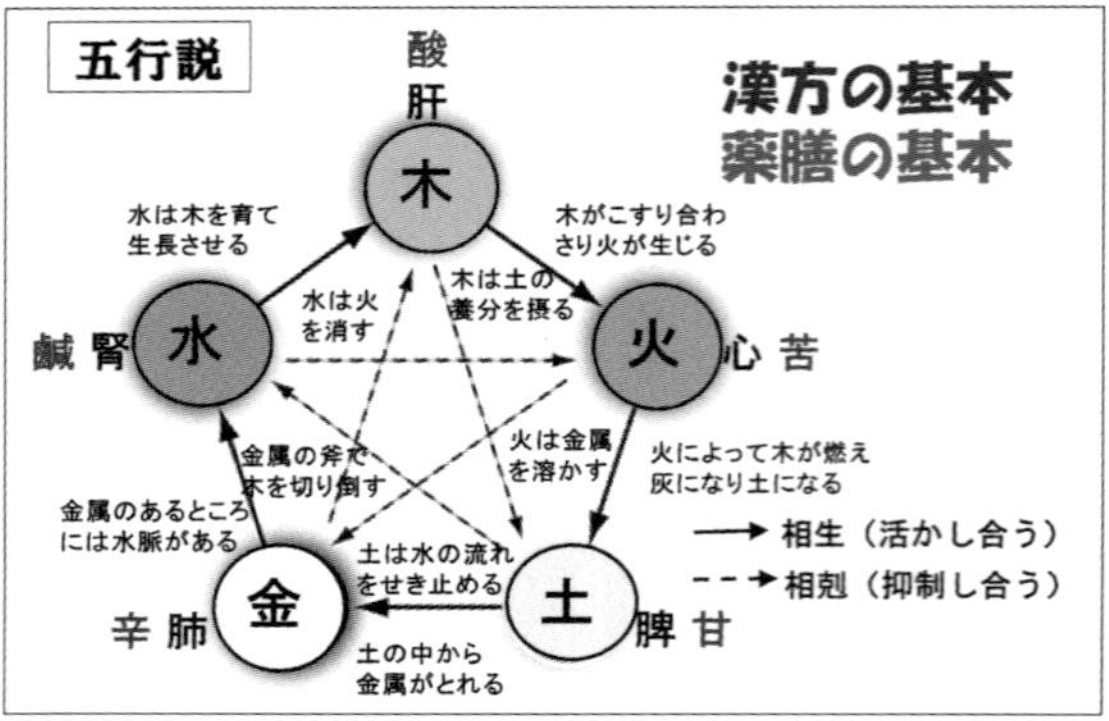

温める作用）、鹹（塩辛い：硬いものを和らげる作用）であり、おのおの五臓の肝、心、脾、肺、腎に対応しています。酸っぱいものは肝を助け、苦いものは心を助け、甘いものは脾を助け、辛いものは肺を助け、塩辛いものは腎を助ける。しかし、酸っぱすぎるものは肝を傷つける。苦すぎるものは心を傷つける。以下、多すぎれば同様にマイナスの効果になります。その他、相手を生み活かす作用、促進・助長作用を相生《そうせい》といい、相互の制約、相互阻止の関係を相《そう》剋《こく》といいます。図に示したように協力（相生）と制約（相剋）の関係は薬膳や調理にも応用されています。

　相生の考え方（→）は、木は火を生み出し、火は土を生じさせ、土から金が生じ、金は水を生じさせ、水は木を成長させるなど、生み出す、協力する、強めるという関係で循環します。相剋（⇢）は、木は土の養分を取る、土は水を吸収したりせき止めたりする、水は火を消す、火は金属を溶かす、金属は木を切り倒すなど、制約や抑制を受ける関係です。

漢方薬では生薬の五味で効能の方向性を判断し、薬膳では食材の五味で予防の目安を考えます。これが漢方や薬膳の基本です。

　ひとつ、食物の五味で例を挙げてみましょう。五行で木に属するものは、五味では酸で、五臓では肝です。五腑では胆、五官では目、五主では筋になります。酸っぱいものを適度に摂ると、肝や胆、目、筋に働き良い作用を与えます。また、相生の心にも協力します。しかし、酸っぱいものの取りすぎは相剋の脾や胃を損なうといわれています。脾や胃を損なうので脾や胃に作用する甘を適量摂取するようにすれば防ぐことができます。つま

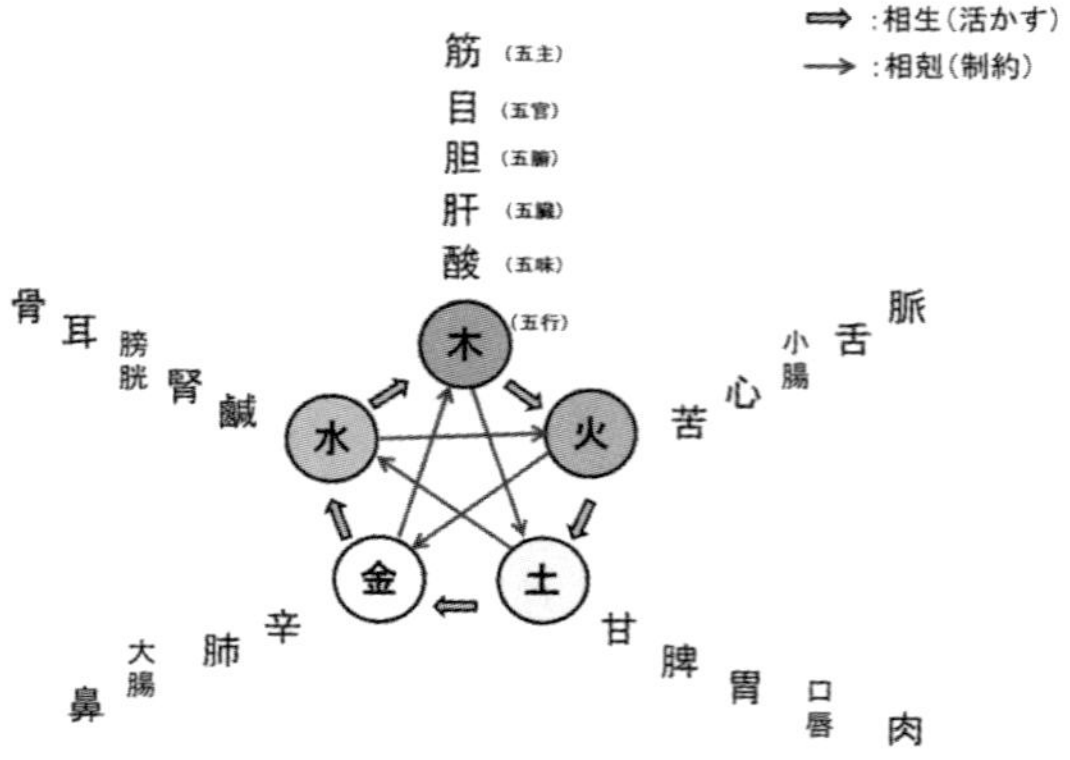

り、酸っぱいものは砂糖で調整する必要があるということになります。

以下同様に、苦いものは心や小腸の働きを助けますが、多すぎると相剋の肺や大腸を損なうので辛いものを補う必要があります。苦いものは辛いものでバランスを取ります。

甘いものは緊張を緩め滋養作用があるのですが、多すぎると相剋の腎や膀胱を損なうことになるので、鹹味（塩辛い）を加えることが必要です。砂糖を入れすぎてしまったときは、塩を入れることになります。

辛いものは身体を温め肺や大腸に働きますが、摂りすぎると相剋の肝や胆、目を損なうので、肝、胆、目に活力を与える酸っぱいもので防衛する必要があります。また、料理が辛すぎるときには酸味のあるものを適度に加えます。

塩辛いものは腎や膀胱に良いのですが、摂りすぎは相剋の心や小腸にも負担をかけるので、心や小腸の働きを助ける苦味のあるものを添える必要がありま す。塩分の摂りすぎは血液の流れが滞るので苦味を補います。

以上が二味の配合です。二味のバランスを取ることによって料理がおいしくなることはすでにご存じではないかと思います。

一方、漢方薬は多いもので十種類以上の生薬を配合します。例えば、防風通聖散などは十八種類の生薬を配合します（十八味）。二味の配合は効能効果を考える上で大変重要なものになっています。二味、三味、四味と配合しながら考察していくと要因が多すぎて、前述の理論ではなかなか説明できません。漢方薬を考え出した人々は素晴らしい洞察力があったと考えられます。

現代でも説明が難しいのですが、少しずつ解明されつつあります。生薬の混合物としての漢方薬をひとつのものと考え、経験則に従って効能効果を判断しているものがほとんどです。調理についても、砂糖、塩、多くのスパイス、ハーブを混合したら個々の味の説明が難しいでしょう。しかし、出来上がった料理としておいしい、おいしくない、塩辛い、甘すぎる、香りが足りない、辛さが足りないなどを味覚、嗅覚で判断しています。十八味の漢方薬の効能効果を防風通聖散として薬効を評価しているのと同じです。このようなことを考えると、漢方薬は食材から始まったと考えてもおかしくありません。まさに薬食同源です。

薬膳に関しては、食物の五性と五味がわかれば、五臓、五腑、五官、五主などを考慮し、季節の変化である五季（日本では四季）に合わせて食材を選びます。あとは食材固有の五味五性を調べ、応用していきますが、文献や出典、用いるその人の考え方にさまざまなものがあり、また調理法によっても五性は変わるので気をつける必要があります。とても奥の深い世界です。

さらに、詳細には、食べる側の人の体質や性質、その日の体調を判断し、陰陽・虚実・気血水を考え、食材を選ぶことが最もよい方法です。漢方薬に関しては前項で説明したように、陰陽、虚実、寒熱、表裏の項目をもとに気血水の性質も考えて、病気の人の証を決め、病気の進行具合に合わせて処方していきます。

六　現在の七味唐辛子の使用法

調味料や香辛料、スパイス・ハーブ、薬味、薬草、民間薬、生薬、薬膳、漢方薬などについて簡単に述べてきました。おのおの詳しく調べると一つひとつの項目に膨大な理論や知見があります。七味唐辛子について考えるには、これらのことをベースにすればわかりやすくなると思います。しかし、最後まで不明な点もありますが。

私たちの身近に七味唐辛子はあります。ほとんどの人は使ったことがあるのではないでしょうか。はじめに七味唐辛子の実際の使用法を考えてみたいと思います。

まず、何といってもうどんやそばに振りかけることを思いつきます。注文して間もなく、温かいうどんやそばが運ばれてくると、香りや風味を楽しみ、汁をすすり、味見をして、少し食べてからおもむろに七味唐辛子を振りかけます。

醤油や出汁のきいた淡白な味の麺類に風味と辛味を与えると、なんとも食欲をそそります。七味唐辛子の種類もいくつかあって、うどんに合うものやそばに合うもの、その他があります。古くから三大老舗の七味唐辛子といわれ、江戸やげん堀の七味唐辛子（はじめは七色唐辛子といわれていたそうです）、京都七味屋本舗の七味唐辛子、信州八幡屋磯五郎の七味唐辛子がありました。現在も健在ですが、これらの七味唐辛子を参考にいろいろ組み合わせて、多くの企業が七味唐辛子を製造しています。

うどんやそばの他に焼き鳥、牛丼、肉じゃが、焼きそば、麻婆豆腐、から揚げ、納豆、ぶり大根、あら汁、豚汁、もつ鍋、湯豆腐、金平ごぼう、こんにゃく、味噌七味、マヨネーズ七味、漬物、鳥の照り焼き、田楽、グラタン、ポタージュ、ピザなど多くのものに使用されます。何に使ってもいいように感じますが、規則性はありそうです。

では、どのようなとき七味唐辛子を使うのでしょう。

・そばやうどんを食べているときに味が淡白でもの足りないとき
・味覚に慣れて味がしなくなってきたとき
・味の変化を楽しむとき
・脂っこいとき
・味を引きしめるため
・食欲をかき立てるため
・彩を与え、おいしそうに見えるようにするため
・身体を温めたいとき
・醤油や出汁とよく合うようにするため
・料理がおしゃれになるようにするため
・家庭に常備できるので使いやすいから
・一振りで辛味、香り、風味、色合いをよくするから
・料理にアクセントをつけ、おいしさを持続させるため

・麺類との相性がよく、味が引き締まるから
・塩分を控えめに調節できるから
その他多くのことが考えられます。

　以上、トウガラシの辛さを楽しむ料理が第一で、味が濃く脂っこい料理を中和するように使うもの、また淡白な味で日本料理として上品なのですが、何か物足りないときに少量振りかけるなど、日本人の知恵のようなものです。さらに、前述の五行説で無意識のうちに五味のバランスをとっているのかもしれません。

　煮たり、焼いたり、炒めたり、加熱中に使うことが多いのはスパイスであり、味付けや臭み消しという目的があります。薬味は、出来上がった料理に振りかけるか、または添えるなど仕上げに使い、生で用いられることが多いようです。七味唐辛子も出来上がった料理に使い、薬味として味にアクセントをつけます。日本の薬味は一般的に生が多いのですが、七味唐辛子や一味唐辛子は乾燥

品です。この点ではスパイスに近いのかもしれません。

なぜ七味か

一味では辛味に偏りすぎているので、薬膳の考え方からすると、偏りのないように、辛すぎないように他のスパイス（薬味）を混ぜることが必要になります。辛さは一味の量で調節することもできますが、唐辛子の風味も少なくなりますので、五行説の相性・相剋（協力・抑制）の考え方から他のものでバランスをとることがおいしさの秘訣です。

七味唐辛子の構成食材

文献やネット情報、オフィシャルサイトに掲載されている「日本三大七味唐辛子」の材料を挙げてみます。

東京・浅草　やげん堀では、

①唐辛子、②焼き唐辛子、③黒胡麻、④山椒、⑤陳皮、⑥けしの実、⑦麻の実

信州・善光寺　八幡屋礒五郎では、

①唐辛子、②陳皮、③胡麻、④麻の種、⑤紫蘇、⑥山椒、⑦生姜

京都・清水寺参道　七味屋本舗では、

①唐辛子、②山椒、③麻の実、④白胡麻、⑤黒胡麻、⑥青のり、⑦青紫蘇

という構成になっています。共通するものは唐辛子、山椒、麻の実（種）、胡麻もしくは黒胡麻の四種類です。その他、焼き唐辛子、青紫蘇、紫蘇、陳皮、白胡麻、けしの実、青のり、生姜であり全部で一二種類になります。

唐辛子と焼唐辛子、紫蘇と青紫蘇、胡麻と黒胡麻と白胡麻を類似のものとして数えると九種類です。もちろん類似のものは香りも異なり、栄養価や含有成分が多少異なりますが、整理するために簡略化してまとめると九種類ということです。

日本三大七味唐辛子

やげん掘り	七味屋	八幡屋礒五郎
唐辛子	唐辛子	唐辛子
山椒	山椒	山椒
麻の実	麻の実	麻の実
黒胡麻	黒胡麻	胡麻
陳皮	–	陳皮
けしの実	–	–
焼唐辛子	–	–
–	青紫蘇	紫蘇
–	白胡麻	–
–	青のり	–
–	–	生姜

さらに、販売されている七味唐辛子には、柚子七味などのように一味を柚子やニンニク、あおさ、ねぎ、わさび、鰹節、花椒、高麗人参、ターメリックなどに置き換えた七味唐辛子があります。現在販売されている七味の構成はいくつかの薬味を除いて自由に組み合わせているようです。しかし、なんといっても、やげん堀と七味屋本舗、八幡屋礒五郎の七味唐辛子には歴史があり、現在の七味唐辛子の基礎になっていることは間違いないでしょう。

ではいつ頃から使われているか、歴史

について調べてみましょう。詳しく掲載されている公式サイトや広告を参考にして日本三大唐辛子を簡単にまとめてみます。

七味唐辛子の歴史

やげん掘は、寛永二（一六二五）年江戸の薬研堀（現在の両国あたり）に中島徳右衛門（初代からしや徳右衛門）が創業したということです。唐辛子と他の薬味を混ぜた七味唐辛子を考案し、おいしさと体調不良を予防する食べ物として、お客様の好みに合わせて調合販売したそうです。

八幡屋磯五郎は、元文元（一七三六）年長野善光寺の境内で室《むろ》賀《が》勘《かん》右衛《え》門《もん》が七味唐辛子を売り出したのがはじまりだそうです。屋号に八幡宮の八幡をいただき、八幡屋磯五郎を屋号にしたとされています。人々は善光寺参りの際にお土産として買って行ったそうです。七味唐辛子に紫蘇や生姜が入るのが特徴です。

七味屋本舗は、明暦年間（一六五五～五九年）に清水寺の参道にある産寧坂《さんねいざか》（三年坂）に河内屋という茶屋を創業したのがはじまりで、とうがらし湯（一味のトウガラシ）を参拝客にサービスしていたそうです。七味屋と改めたのは一八一六年ということです。寺に参拝する行者さんに身体が温まるようにと無償で出した「からし湯」が、いつしか唐辛子と山椒、胡麻、青のりなどを配合した七味唐辛子になりました。

これらの薬味の種類には、辛いものが二種、香りのあるものが五種配合されていて、「二辛五香」というそうです。トウガラシとサンショウが二辛で、その他が香りのあるものです。生姜も辛いと思いますが香りも豊かですね。

江戸では味の濃いそばつゆを使うので、やげん掘りの七味唐辛子は辛さを強調したものです。京都では昆布だしやかつお風味を生かした薄味のうどんが好まれるので、これにあった香りの高い七味唐辛子になります。長野の善光寺では生姜が入っており、寒い季節はより身体を温めることができます。生姜《しょうきょう》、乾《かん》姜《きょう》は漢方では体の内側から温める生薬の代表格です。

七味唐辛子の主役はトウガラシ

以上、日本三大七味唐辛子を概観しました。現在の七味唐辛子のバリエーションはトウガラシを中心に三大七味唐辛子のいくつかの薬味を入れ替えて、新しい調味料として応用されています。料理の特徴を生かすため、味を調えるため、味に変化を持たせるためなど種々の目的に合った調合になっていると考えます。

当然、この調味料の主役はトウガラシです。歴史的にも一味唐辛子からはじまり、いくつかの薬味を混合して良いものができていったのでしょう。

ここでトウガラシについて考えてみましょう。意外なことにトウガラシの食文化はそんなに古いものではありません。南米では紀元前から用いられており、歴史はかなり古いものですが、特定の民族の嗜好品とされていました。コロンブスがアメリカ大陸を発見して、トウガラシやジャガイモなどをスペインに持ち帰ったことから全世界的な使用がはじまります。

トウガラシの歴史

一部前述しましたが、いくつかの成書や文献を参考に調べると、ペルーの山岳地帯では紀元前八〇〇〇～七五〇〇年頃のトウガラシの遺物が見つかっています。さらに、アンデスやメキシコの遺跡からもトウガラシが出土しているという文献もあります。紀元前八〇〇年頃のチャビン文化の石碑にトウガラシの絵が彫られているそうです。紀元後一〇〇～八〇〇年のナスカ文化でも出土の土器にトウガラシが描いてあるそうです。南アメリカでは、すでに紀元前から食材や薬として利用されていたのですが、ヨーロッパ・アジアに伝播するには海を渡らなければならないので、文明や技術の革新がなければ容易に広がることはありません。トウガラシが世界的に広がりを見せるのは、時を待たなければばなりませんでした。

皆様よくご存じのイタリア生まれの船乗り、クリストファー・コロンブスは、当時、高額で取引されていたスパイスをインドから持ち帰るため、またマルコポーロの東方見聞録から啓発され、黄金の国ジパングに行くために新たな航路を模索していました。アフリカの南を経由して東に進むより近道があれば一攫千金を得ることができると考えていました。西へ西へと行けば東に着けると考えたのか、その頃地球が球体であることが徐々に信じられるようになっていました。

コロンブスはスペインのイザベラ女王を説得して支援を取り付け、サンタマリア号でスペインのパロス港を出航したのは一四九二年の八月でした、未知の大西洋を西へ向かって夢と希望と不安を抱いての大冒険がはじまりました。この時代、大海原には怪物や魔物などが待ち構えており、これを乗り切るのに困難が付きまとうと考えられていました。実際には海流や高波、嵐のこと、もしくはビタミン類欠乏症、精神的なものなどであったと考えられます。また、海藻が一面に漂っている海域（サルガッソー）もあり、船に海藻が絡みついて航行不能になるという危険もあります。

艱難辛苦の末、一四九二年一〇月一二日に陸に到達しました。コロンブスはインドの東方面に到着したものと考えていました。ここを「サンサルバドル」と命名し、その他、多くの島を発見し、これらにも命名しました。このようなことから、この地域を今でも西インド諸島といっています。しかし、コロンブスの目的としたスパイスや黄金は得られず、全部で四回の航海を行っています。コロンブスは死ぬまでインドの東端に着いたものと思っていたそうです。コショウやクローブ、シナモン、カルダモンなどのスパイスや黄金を持ち帰ることはできなかったのですが、トマト、サツマイモ、トウモロコシ、ワタ、カボチャ、タバコ、キャッサバ、ヒョウタンなど、そしてトウガラシを持ち帰りました。これらはこの時点ではヨーロッパやアジアには伝播していませんでした。

ちなみにこの時、コロンブスがタバコを吸って、むせって咳込み、煙などを吸うべきではないと思い、タバコを持ち帰らなければ、世界中に喫煙の習慣は広まらなかったことでしょう。肺ガンや呼吸器疾患は現在のようには多くなかったと考えられます。

また、トウガラシは一四九二年の時点では中南米以外には普及していなかったと考えられます。スペインとアメリカ大陸以外で現在、トウガラシを多く使う国や地域はインドや韓国、中国が挙げられると思いますが、インドや韓国、中国の古文書にはトウガラシの記載がありません。さらに、古代ギリシャやローマの記録にもなく、まだ伝わっていなかったと考えられます。

中国の薬のことをまとめた『本草綱目《ほんぞうこうもく》』（一五九六年）には、それ以前の文献から引用したものや李時珍の見解が詳しく述べられています。薬草の文献としては一級品ですが、ここにもトウガラシは掲載されていません。トウガラシは薬になる植物のうちのひとつであり、現在の『日本薬局方』にも載っていますので、もしこの時代に中国に広まっていれば、必ず記録してあるはずです。古いヨーロッパのハーブやメディカルハーブの文献にもトウガラシは登場しません。また、食材としても記録されていません。したがって、トウガラシを使ったインドのカレーやタイ料理、四川料理、韓国のキムチなどの歴史は浅いと考えられます。

もちろん日本にも、その当時、トウガラシはありませんでした。日本に古くからある香辛料は、ワサビ、サンショウ、タデ、ミョウガ、セリ、ミツバなどです。いつ日本に伝来したかははっきりわかりませんが、文献などの情報によると天文十一（一五四二）年、または天文二十一（一五五二）年にポルトガル人によって伝えられたという記録があるそうです。貝原益軒の『花《か》譜《ふ》』（一六九八年）によると、豊臣秀吉の朝鮮出兵のとき（一五九二～一五九六年）に持ち帰ったことが記されています。文禄二（一五九三）年の『多門院日記』にはすでにトウガラシが使われていたようなことが記載されています。人見必大の『本朝食鑑』には、慶長十（一六〇五）年にタバコとともに伝来したことが記されています。

一方、『芝峰類説《チボンリュソル》』（一六一二年）という韓国の古い書物には、日本から朝鮮半島にトウガラシが伝えられたと記されているそうです。一六七〇年に著された『飲食知味方《ウムシクチミバン》』には、キムチの作り方にトウガラシを用いることが書かれていないそうです。日本では文献上遅くても一五九三年（『多門院日記』）にはトウガラシが使われていたので、『芝峰類説』（一六一二年）にもあるように、日本から韓国にもたらされた可能性も考えられます。韓国でキムチにトウガラシを入れると最初に書かれた文献は、一七六六年の『増補山林経済』といわれています。筆者もさらに調べたいと考えていますが、詳しい情報が手に入らないので成書やネット情報の範囲になります。

中国では前述のように一五九六年の『本草綱目』にはなく、一六八三年の『中国名菜集錦』に調味料として使用されると記載されているそうです。日本の『本朝食鑑』に一六〇五年にタバコとともに伝来したとあり、中国でもトウガラシを植えているという記述もあります。そうすると日本には一五五二年頃にポルトガルなどの南蛮貿易で韓国や中国より先に伝わっていたのかもしれません。

トウガラシの名前

古くからコショウやシナモンなどのスパイスはヨーロッパに向けて、インド方面から陸路で運ばれていました。コショウなどのスパイスは肉や魚の臭み取りになり、辛味があり、生ものが腐りにくい効果もあるのでおいしさが持続します。また、コショウをかけておくと長持ちするために保存料としても重宝されていました。そこでコロンブスが持ち帰ったトウガラシが流通するようになると、まだ名前がないため、それまで用いていたコショウの辛さなど性質が少し似ていたので、トウガラシのことを入手先の地名をとってインドならインドコショウ、カリカットならカリカットコショウ、その他、ブラジルコショウ、ギニアコショウなどと呼んでいました。

日本の名称であるトウガラシも「唐辛子」とされ、「唐」を経由したという意味も含むのかもしれません。前述では、中国よりも日本に伝わった方が先の可能性を考えましたが、「唐」という文字を一般の外国と解することもあるようなので、これを適用すれば外国（南蛮渡来）から伝わったトウガラシとの解釈も可能です。ちなみにトウガラシの別名としてナンバンがあります。

七　七味唐辛子の機能性（謎に迫る）

七味唐辛子が身体に良いという情報は昔からありました。日本三大七味唐辛子（三大七味）が売り出された頃から七味唐辛子を使うと体調が良くなるとか、身体が温まるなどさまざまな効果が伝えられています。これについて調べてみましょう。

七味唐辛子には七種類の薬味が使われていますが、その組み合わせや使用される薬味の種類は多少異なっています。前にも述べましたが、三大七味に共通するもの四種（トウガラシ、サンショウ、アサの実、ゴマ）と共通しないもの五種（陳皮、ケシの実、青のり、生姜、紫蘇）の全九種について検討します（胡麻、黒胡麻、白胡麻はゴマとして、焼き唐辛子はトウガラシとして、紫蘇、青紫蘇はシソとして）。

前述のように、七つの薬味がミックスされているものの機能性は相互作用などがあり、二味、三味と増えていくとなかなか解釈が難しくなるので、単独の九種の薬味について調べ、七味唐辛子の機能性と考えてみます。

九種類の薬味の個々の機能性などについては、『日本薬局方解説書』に記載されている項目を「局方」と表記します。次に「成分」、「薬理作用・生理作用」、「古典的文献」、「食用効果・調理効果」、「その他全体を通して興味のあるところ、特筆すべきことなど」について順に述べます。

なお、『日本薬局方』とは、化学的な合成薬や抗生物質、悪性腫瘍薬、鎮痛薬、抗炎症薬、生薬など、現在日本で使用される薬について記されている公定書です。この本に載っているものはすべて薬ということになります。

はじめに、七味唐辛子のメインであるトウガラシについてです。あらゆる角度で見ていきたいと思います。最終的には食用効果、食養効果、調理効果だと思います。

トウガラシの機能性など

局方：局方ではトウガラシの本質は芳香健胃薬原料と位置付けられています。また、トウガラシ一〇〇グラムをエタノールで一リットルにしたトウガラシチンキは製剤とされ、筋肉痛、しもやけ、軽度の凍瘡《とうそう》に適用します。外用剤として育毛、養毛に使用する場合もあります。応用として円形脱毛症、抜け毛、貧毛に用いるなどがあります。

成分：栄養成分は、β－カロテン、ビタミンC、ビタミンE、カリウムなどが多めです。ちなみにビタミンCはレモンより数倍多く含まれています。

トウガラシに特有な成分としては、辛味の物質であるカプサイシン、ジヒドロカプサイシン、ノルジヒドロカプサイシン、ホモカプサイシン、ホモジヒドロカプサイシン、赤い色素のカプサンチン、ゼアキサンチンなどが含まれています。さらに、β－クリプトキサンチン、カプシエイト、ルテインなども報告されています。

カプサイシンは水にほとんど溶けませんが、油や酢、アルコールに溶けやすいことがわかっています（トウガラシチンキやコーレグース、ラー油はこの性質を利用しています）。

薬理作用・生理作用：動物実験等を用いた取り組みでは、早くから検討されています。トウガラシを塗布した局所の血管拡張作用、ヒスタミンによる発赤を抑制する作用、消化管運動を亢進させる作用、少量で唾液の分泌と胃液分泌を亢進させ、多量では抑制する作用、抗炎症作用、血圧下降作用など多彩な作用が調べられています。血管拡張作用は育毛や抜け毛に効果がありそうです。

さらに、成分のカプサイシンは体内に吸収されると副腎に作用し、アドレナリンの分泌を促進します。アドレナリンは緊急時（階段で足を踏み外したときのような場面、山で突然、熊に遭遇したときのような、外敵に備えなければならないようなとき）に分泌され、そのときのストレスや恐怖にとっさに対応できるように、急激にエネルギーを生産します。具体的には体内の脂肪を燃焼させてエネルギーにするので一時的に体内の温度が上がり、それを調節するために汗が出ます。したがって、辛いものを食べたときに汗が出るのは脂肪が燃焼しているからです。また、少量のカプサイシは胃粘膜の血流を上げるので良い方向に働きますが、大量では神経が麻痺して防御作用がなくなるので粘膜に傷をつけることになります。その結果、胃腸などの消化器系に負担をかけるので、炎症を起こしてしまうこともあります。このことから脂肪が燃焼するといってもダイエット目的は難しいでしょう。また、成分のカプサイシンを外用すると皮膚が赤くなり刺激を感じますが、これを繰り返すと麻痺して痛みを感じなくなります。この原理を利用し、鎮痛効果を期待して温湿布にします。リウマチ性関節炎や帯状ヘルペスにも応用されています。

辛味を感じる辛味受容体というものは解剖学的に存在しませんので、カプサイシンを摂取した場合は、バニロイド受容体（TRPV1：酸や熱、痛みの受容体）に結合して痛みを感じることになります。われわれはこのときの刺激（熱や痛みなど）とトウガラシの味を同時に辛味と捉えているのです。

古典的文献：わが国の『本朝食鑑』には「胸膈を開き、宿食を下し、鬱滞《うったい》を利し、悪気を去り、邪瘴《じゃしょう》を逐い、痔痛を止めること尤も神妙である。」、「多食すると血を破り、目を損ない、瘡毒を動かす。」とあります。

中国の『食物本草《しょくもつほんぞう》』には「宿食を消す、結気《けっき》を解く、胃を開く、邪悪を避ける、腥気諸毒《せいきしょどく》を殺す。」と記してあります。

『中薬大辞典』には「中を温める、寒を散らす、胃を開く、食滞を消すなどの効がある。」としています。

以上のことを現代的に簡略化してまとめると、「胸のつかえや消化不良を解消し、胃腸を良好にし、気を落ち着かせ、生臭い有毒のものや悪いものを除く。

痔の痛みを止める。多食すると良くない作用がでるときがある。」というような意味合いと考えられます。

食用効果・調理効果：食欲が出る、胃腸を活発にする、身体が温まる、消化に良い、減塩効果があるなどです。赤い色も食欲をそそるものと考えられます。

これらは前項の経験則（古典的文献）がそのまま適用できるような説明になり、古典的文献と実際の効果が良い一致を示しているようです。

ちなみに中国の薬の古い文献である『神農本草経《しんのうほんぞうきょう》』や『本草綱目』には記載がありません。

その他全体を通して興味のあるところ、特筆すべきことなど：トウガラシはナス科の植物で、日本では一年草ですが、暖かい地方では木本性で木のようになります。中南米原産とされています。日本の漢方処方では用いません。

薬膳で五味五性は辛・熱または辛・温に属すとされます。中国では「番椒《ばんしょう》」や「辣椒《らしょう》」と表記し、日本では「蕃椒《ばんしょう》」と書きます。食材としては、七味唐辛子などの香辛料、薬味、カレー、キムチ、ペペロンチーノ、エビチリ、タバスコ、麻婆豆腐、豆板醤、唐辛子味噌、もみじおろし、かんずり、ゆずこしょう、金平ごぼう、その他、さまざまな料理に使われます。日本のトウガラシの種類は、鷹の爪、三鷹《さんたか》、本鷹《ほんたか》、八房《やつぶさ》、伏見辛《ふしみから》、万願寺とうがらしなどがあり、その他、地域の特産品となっている品種も多くあります。

前述の薬理作用、生理作用、食用効果、古典的文献などから考えるとトウガラシは身体を温め、発汗作用があり、カゼ気味の時によいのかもしれません。漢方の考え方で、邪《じゃ》が裏《り》に入らず、まだ表《ひょう》にあるときには汗として追い出す方法があります。例えば、カゼの引き初めに漢方薬の桂枝湯《けいしとう》で発汗させる方法です。これは、主に桂枝湯に配合されている生薬の桂枝によるものです。トウガラシによる発汗とはメカニズムが違いますが、江戸時代の人々は類似のことと考えたのでしょう。カゼの引き初めに一味唐辛子や七味唐辛子を振りかけた熱いそばを食べ、汗をかかせ、十分な睡眠と休養を取るのが江戸っ子の知恵であったそうです。これはカゼの初期などで桂枝湯を服用し、その後、熱い粥を食べて汗をかかせ、休養させる療法と類似しています。漢方薬がすぐには手に入らなかった人たちが、食材で行ったのではないでしょうか。したがって、民衆の意識ではトウガラシが薬や漢方薬に思えたのでしょう。

さて、そうめんや冷や麦を食べれば夏の暑さを和らげます。暑くて食欲が減退しているときはスッキリしますが、お腹の中を冷やしてしまいます。夏といえども内臓の冷えは健康の大敵なので、そこで胃腸を温めるトウガラシを薬味として用いたのでしょう。

また、そばは身体を冷やす食べ物です。酒を飲んで身体がほてっているときのそばは冷やすのに好都合です。しかし、酒を飲まないときはより冷やすことになるので、そばを食べるときにはトウガラシを振りかけて温めるのがよいと考えられます。温かいそば湯も同じ役目があるのでしょう。

そのほかの情報としては、トウガラシの成分が、誤嚥防止に使われており、カプサイシン入りトローチやフィルムとして応用されています（誤嚥予防はコショウでも効果があります）。また、トウガラシを米櫃の虫よけとして利用することが昔からありました。金魚や熱帯魚の白点病《はくてんびょう》に添加する用法もあります。さらに、トウガラシは粘膜などに刺激を与えるので、外敵からの防護用のスプレー（熊よけスプレーなど）という用途もあります。農産物の被害が出ないようにネズミ除けとしても使います。

トウガラシを食べて辛さに耐えきれないときには、ヨーグルトが刺激を押さえます。これはヨーグルトなどの乳製品が辛味成分のカプサイシンを吸着するので、成分が受容体に結合するのを防ぐからです。辛いインドのカレーを食べたときは、ラッシー（ヨーグルト飲料）を飲めば辛さが軽減します。これも適切な食文化として定着しています。

サンショウの機能性など

局方：局方では特異な芳香があり、味は辛く、舌を麻痺するとしています。山椒の本質は、健胃薬、駆虫薬です。成熟した果実から種子を除いたものを用います。さらに、芳香性健胃薬として苦味チンキの原料にすることが記載されています。一日の最大使用量は乾燥生薬で一グラムとされています。

成分：栄養成分として比較的多めのものは、カリウム、カルシウム、マグネシウム、β－カロテン、ビタミンB_2、ビオチン、ナイアシンなどです。

特有な成分は、香りの成分のシトロネラール、リモネネン、β－フェランドレン、ゲラニオール、辛味の成分のサンショウオール、サンショウアミド、フラボノイドのクエルシトリン、ヘスペリジンなどです。

薬理作用・生理作用：イヌやブタの回虫に対して駆虫作用、カビ類に対して抗真菌作用、ウサギの腸血流増加作用、赤痢菌や黄色ブドウ球菌に対し抗菌作用、フナに対する魚毒作用があり、辛味の成分のサンショウオールやサンショウアミドには局所麻痺作用があります。

古典的文献：中国の『神農本草経』に掲載されているものは、日本の山椒と同じ植物ではありません。中国にある同属植物の蜀椒《しょくしょう》についての記述です。しかし、類似の点もありますので参考にします。「邪気欬逆《がいぎゃく》を治し、中を温め、骨節、皮膚の死肌《しき》、寒湿痺痛《かんしつひつう》を逐《お》い、気を下す。久しく服せば頭白からず。身を軽くし、天年を増す。」と記載されています。

『本草綱目』で李時珍は「寒を散じ、湿を除き、鬱血を解き、宿食を消し、三焦を通じ、脾・胃を温め、右腎命門《うじんめいもん》を補し、回虫を殺し、拙瀉《せっしゃ》を止める。」としています。

日本の『本朝食鑑』には「睡飽《ねむけ》さましや積鬱を開く薬。悪気を下し、宿食を消し、胸郭を寛げ、虫積を逐う、肺を温め、胃を健やかにし、右腎の火を助ける。しかし、多食すると温毒が火を盛んにし、耗気《もうき》は血を傷《そこ》ない、知らず知らずのうちに命を損なう。」、「長らく椒を食べ続けると、失明し、血脈を痛める。普通以上に多食することは慎むべきである。」としています。

古典的文献の内容を簡略化してまとめると、「悪いものを吸いこんで咳き込むのを止め、関節や皮膚の冷えや老化、色々な寒気や湿気にあてられて血や気の巡りが悪くなったものを下す作用があり、長く服用していると老化せず長生きできる。消化不良を解消し、お腹の中を温め元気の素を補う。回虫も殺し下痢のような状態を止める。しかし、多食すると失明したり、血液循環が悪くなったり、命を損なうので普通以上に食べない方がよい。」ということです。

食用効果・調理効果：サンショウの実を噛むと口の中が痺れます。サンショウの若葉は木の芽といい、使うときには両手で挟んでパンと叩き、葉の細胞を少し破壊して香りが漂うようにします。また、薬味、添え物、あしらい、つま、吸い口としても用いられます。

食養の効果として、塩分摂取を抑制することができます。食欲がわく、胃腸の動きを改善する、殺菌効果や食中毒予防にも良い。新陳代謝が良くなり、血行も良くなります。さらに、漢方でよく表現される駆風作用があります。駆風作用とはお腹に溜まったガスを取る作用のことです。山椒の成分が適度に腸の運動を刺激するために、お腹に溜まったガスが解消されます。薬膳で五味五性は辛・温に属し身体を温めるとされます。

その他、全体を通して興味のあるところ、特筆すべきことなど：サンショウはミカン科の植物で、日本各地の野山にみられる落葉低木です。大きいものは三メートルくらいになり、枝の表面に一対ずつのトゲがあります。また、トゲがなく、実が大きいアサクラザンショウという種もあり、良質の山椒が取れます。

日本では、サンショウの成熟した果実の皮を芳香性健胃薬、整腸薬、駆虫薬、歯の痛み止めなどに用いていました。わが国では山椒を漢方処方の構成生薬として用いますが、本場の中国には山椒はなく、蜀椒といわれる生薬を使います。これは原植物名をカホクザンショウやトウザンショウといい日本のサンショウとは少し違います。

漢方処方としては、大建中湯《だいけんちゅうとう》、当帰湯《とうきとう》、烏梅丸、千金当帰湯《せんきんとうきとう》などに配合されます。大建中湯は腹が冷えて腹部膨満感のあるものに適用します。開腹手術を行ったときなど、術後に腸管通過をスムーズにするために用います。お正月に飲むお屠蘇（もとは屠蘇散という漢方薬）にも山椒が配合されています。

民間療法としては、歯痛や虫刺されに葉をもんでつけるなどがあります。『本朝食鑑』には「椒は塩を得て味が良くなる。椒を食べ噎《む》せた場合、塩を食べて解するとよい。」との記述があります。さらに多食すると身体に良くないことが書いてあり、普通以上に食することは慎むべきである、としています。

何事も適量を使用することが望ましいということでしょう。自分に合った量を自分で決めることが大切です。

さらに、山椒の木は硬いので擂り粉木棒にするのがよいといわれています。これを使うと食あたりにならないという言い伝えがあるそうです。

サンショウを用いた料理としては、若竹煮、タケノコの木の芽和え、木の芽田楽、木の芽味噌、ウナギのかば焼き、ちりめん山椒、麻婆豆腐、サンマの山椒煮、その他があります。味噌汁に少量入れる、隠し味としてクッキーやチョコレートに入れる、煎餅や佃煮に含ませ楽しむこともできます。タケノコのえぐみや魚の生臭さを中和する作用も考えられます。

当然ながら七味唐辛子に少量入っていれば隠し味になり、他のものの良くない香りを相殺し、さらにサンショウの香りの余韻を残すことができます。

アサの実の機能性など

局方：生薬名は麻子仁《ましにん》または火麻仁《かまにん》とされ、アサという植物の果実です。大麻取締法で規制されている植物なので、発芽できないように熱処理されたものが流通しているとしています。麻子仁の本質としては瀉下薬《しゃげやく》とされ、瀉下作用を目的とした漢方処方に配合されます。処方としては炙甘草湯《しゃかんぞうとう》、潤腸湯《じゅんちょうとう》、麻子《まし》仁丸《にんがん》などがあります。ちなみに、瀉下薬とは西洋医学でいえば下剤ですが、漢方では、食べたものが腸にたまり、熱を持ち、水分も停滞しているようなものを流し出すという感覚です。瀉下薬には潤下薬、攻下薬、峻下薬があります。潤下薬は文字通り腸を潤し排便を促します、攻下薬は強い下剤のようなものです。峻下薬はかなり強い下剤で通常使うことはないようなものです。

成分：栄養成分としては、ヒトの身体で合成できない必須アミノ酸九種がすべて含まれています。脂質としてはリノール酸とリノレン酸がバランス良く含まれ、ビタミンはB群、ビタミンE、ナイアシン、パントテン酸、葉酸が含まれ、ミネラルはカルシウムやカリウム、マグネシウム、鉄、銅、亜鉛が多めです。その他、オレイン酸、トリゴネリンなどが含まれています。

薬理作用・生理作用：アサの実のアルコールエキスはネコやラットを用いた実験で血圧がゆっくり下がるとされています『中薬大辞典』。ヘンプシードとも呼ばれ、ビタミンやミネラルなどの栄養バランスが良く健康に役立ちます。栄養成分から生理効果の説明や類推はありますが、詳しい作用の検討は行われていないようです。

古典的文献：『神農本草経』には麻蕡《まふん》と麻子《まし》があり、麻蕡の方がアサの花と考えられ、薬として用いられるそうです。多くを摂りすぎると幻覚におそわれるとの表現があります。麻子（アサの実と考えられる）の方は以下のように食用のような表現です。「中を補い、気を増す、久しく服用すれば肥健にして老衰せず、神仙《しんせん》となる。」と記述されています。
『名医別録《めいいべつろく》』には「中風で汗の出るを治し、水気を逐い、小便を利し、積血を破り、血脈を復す。」、と記してあります。

李時珍は『本草綱目』で「婦人の経脈を利し、大腸下痢を整える。諸瘡癩《しょそうらい》に塗れば蟲《むし》を殺す、この汁を取って煮た粥を食えば嘔逆を止める。」としています。その他、『本草綱目』には、「服食法」、「大麻仁酒《たいまにんしゅ》」、「麻子仁粥《ましにんがゆ》」、「産後の秘塞《ひそく》」など食用に関すること、「大便不通」、「産後の瘀血《おけつ》」、「嘔逆《おうぎゃく》の止まらぬもの」、「虚労内熱」、「消渇飲水《しょうかちいんすい》」など応用例が多く掲載されています。

古典的文献の内容を簡略化してまとめると、「胃腸の機能を助け、元気になり、長く食せば健康になる。感冒などで汗が出るのを治し、水の巡りや血の巡りを良好にする。粥にアサの実のエキスを入れて食べれば吐き気が止まる。」など、いろいろな経験談があります。

食用効果・調理効果：九種類の必須アミノ酸を含んでおり、タンパク質は可食部の三割と大豆に次ぐ割合です。麻の実から得られるオイルはヘンプオイルといい、オメガ３系の脂肪酸とオメガ６系の脂肪酸が一対三の割合で含まれているので理想的な比率であり、このオイルだけで摂取比率を満たすことができます。ビタミンやミネラルもバランスよく含まれ、糖質と食物繊維も適度に含まれるので食用効果は高いと考えられます。ネットを調べるとスーパーフードや天然のサプリメントと表現されています。アサの実だけを食べていても総合的な栄養が摂れるということでしょう。アサの実の粒は小さいので摂取量は多くなく効果は限定的ですが、この機能が七味唐辛子にとって大切なのかもしれません。薬膳では五味五性は甘・平に属すとされます。

アサの葉や花などについては人に対し強い作用があります。しかし、食用とする部分は栄養効果だけです。

その他全体を通して興味のあるところ、特筆すべきことなど：アサはアサ科の植物で、その実はアサの実として食用に利用されています。アサの葉や花、茎には麻薬として規制されているテトラヒドロカンナビノール（ＴＨＣ）が含まれており、「麻薬及び向精神薬取締法」の対象になります。一方、植物としては「大麻取締法」で規制されています。しかし、実と成熟茎は対象から除外されています。これらにはＴＨＣが含まれていないか、または作用しない量であるからと考えられます。日本では古代から繊維を取るためにアサを栽培し、実はそのまま食用にしたり、油を取って利用していました。成熟茎の繊維としては糸や布、縄、衣類、注連縄《しめなわ》、漁網《ぎょもう》、蚊帳《かや》、下駄の鼻緒など生活用品に利用されていました。つまり、日本では葉や花を乾燥し吸煙するという習慣はなかったと考えられます。これは主に戦後国外から入ってきたものです。このような行為をすると、陶酔感、多幸感、妄想などの幻覚症状が現れ、精神異常を引き起こします。原因は前述のＴＨＣであり、アサという植物の成熟茎と実以外に含まれています。したがって、「麻薬及び向精神薬取締法」でＴＨＣを、「大麻取締法」でアサを規制しているのです。しかし、収穫された成熟茎と実は対象にはなりません。これには古くからの生活や食の文化が関係しているのでしょう。

例えば、フグという魚がいます。フグにはテトロドトキシンという猛毒が含まれる部位がありますので、調理の免許を持っていない人が捌けば、毒に中《あた》ってしまう可能性が高くなります。しかし、卵巣や肝臓、内臓、皮などを適切に除けば中毒はしません。日本では毒を持つ魚を好んで食べることになりますが、適切に安全な部分だけを利用しています（フグの種類では肉の部位も危ない場合もありますので、見分けがつかないと危険です）。

アサについても同様で、幻覚作用のない部分のアサの実と成熟茎は利用できるのです。

ちなみに「大麻取締法」では、第一条に「この法律で大麻とは大麻草（カンナビス・サティバ・エル）及びその製品をいう。ただし、大麻草の成熟した茎及びその製品（樹脂を除く）並びに大麻草の種子及びその製品を除く」とあります。しかし、ここで理解しておかなければならないのは、「大麻取締法」の栽培の免許のない人は栽培できないことです。つまり、その免許がないと、アサという植物を栽培できないのですから繊維や実だけを手に入れることは不可能です。ご注意ください。

七味唐辛子に配合されるアサの実は食用であり、麻薬や「大麻取締法」の大麻ではありません。ちなみに麻と表記すると繊維を取る植物のことであり、亜麻（アマ科：リネン）、苧麻《ちょま》（イラクサ科カラムシ：ラミー）、黄麻（シナノキ科：ジュート）、洋麻（アオイ科：ケナフ）、マニラ麻（バショウ科：アバカ）、サイザル麻（ヒガンバナ科：サイザル）などがあり混乱することから、これらと区別するために大麻（アサ科のアサ：ヘンプ）とされています。

ゴマの機能性など

局方：ゴマの完熟種子を胡麻としています。別名は黒胡麻、胡麻仁《ごまにん》、芝麻《しま》、巨勝子《きょしょうし》などです。本質として脂質補給薬と表記されています。漢方処方薬であり、老化防止や気力を高めることを目的として処方されます。ゴマ油としても掲載されており、性状の説明として微黄色透明の油で臭いはないか、またはわずかに特異な臭いがあるとしているので、焙煎していないゴマを圧搾したものです。軟膏などの製剤用基剤とします。

成分：栄養成分としては脂質が五四パーセント、タンパク質が二〇パーセント、炭水化物が一六・五パーセントです。脂質は主にリノール酸とオレイン酸です。カルシウム、カリウム、マグネシウム、リン、鉄、亜鉛、セレン、ビタミンB_1、B_2、ビタミンE（γ－トコフェロール）、ビタミンK、葉酸、ナイアシンなどが含まれています。

特有な成分は、ゴマリグナンといわれる一連の化合物です。セサミン、セサモリン、セサミノールが多く含まれ、エピセサミン、セサモール、ピノレジノール、ピペリトール、セサモリノールなどが含まれています。これらは生物活性に関与しています。

薬理作用・生理作用：動物実験（ラット）でセサミンにアルコール代謝促進作用と、収縮期と拡張期の血圧を低下させる作用、糖尿病を予防する作用が認められています。また、老化促進マウスの老化を遅延させたとの報告もあります。ヒトに対しても血清コレステロール低下作用、アルコール代謝促進作用があります。抗酸化作用があるので、老化抑制効果があるだろうと考えられています。肝臓の機能を高め代謝能が促進されるので二日酔いや脂肪の蓄積を防ぐことが考えられます。

古典的文献：『神農本草経』には上品として収載されています。その効果は「傷中虚羸《しょうちゅうきょえい》（胃腸などの内臓が病で衰えたもの）を治し、五内（肝心脾肺腎）を補い、気力を益し、肌肉を長じ、髄脳を充実させ、久しく服すれば身を軽くし、老衰せぬ。」と表現されています。なお、『神農本草経』では三六五種類の生薬を上品《じょうほん》（上薬）、中品《ちゅうぼん》（中薬）、下品《げほん》（下薬）に分け、上薬は長く服用しても害がなく不老延年の効があるとされ、中薬は病気を防ぎ、強いものと弱いものがあるので、うまく区別して用いるべきもの、下薬は治療するもので長期服用はよくないものとされています。つまり、胡麻は機能性の高い生薬で長く用いることのできるものとなります。

『名医別録』には「筋骨を堅くし、耳目を明にし、天年を延べる。金瘡《きんそう》の痛を止め、また、傷寒、温瘧《おんぎゃく》の大吐後の虚熱、るい困を療ず。」と説明があります。『本朝食鑑』には「黒胡麻は腎に作用し、白胡麻は肺に作用する。倶に五臓を潤し、血脈をよくし、大腸・小腸の調子を整える。」と記述してあります。

『和漢三才図会』には「気力を益し、肌肉の成長をよくし、髄脳を充実させ、筋骨を堅くする。耳目をはっきりさせ肺気を補う。心驚を止めて大小腸の働きをよくする。長らく服用していると老いることがない。」と、『神農本草経』と同じ効能が説明されています。

『本草綱目』には古い文献が広く引用されていますが、胡麻の服食法では『抱朴子《ほうぼくし》』を引用して、「胡麻を蒸して炒って白蜜などで丸《がん》(丸薬)にし、一日三回、一丸ずつ温酒に溶かして服す、百日まで継続して服すと病気にかからず、一年では身体や顔面に光沢が出できて、飢えることがない。二年にして白髪が黒に返り、三年にして歯の落ちたものが生えかわり、四年にして水や火も害することと能わず、五年にして奔馬にも追いつくようになり、久しく服すれば長生きする。云々。」としています。『抱朴子』や『神仙伝』には仙人になるための食材が多く記録されています。かなり誇張された機能性や薬効だと考えられますが、その時代の表現の仕方だったのでしょう。その他、治療法、養生法が記載されています。ちなみに漢方処方としては消風散に配合されます。
古典的文献の内容を簡単にまとめると、「病気などで衰えた胃腸や身体を元にもどし、気力や集中力を充実させ、さらに、内臓や筋肉を強くし、老化を遅らせる。切り傷の痛みを取り、流行性感冒やその関連を治し、身体全体を整え、元気になる。長く食べていると若さを保ち長生きする。」というようなことになるかと思います。

食用効果・調理効果：ゴマには抗酸化作用のある成分が多く含まれているので、ゴマ自体も酸化しにくく、ゴマ油も他の植物油と比べ酸化しにくい特徴があります。
ゴマの種類は外皮の色から白ゴマ、黒ゴマ、金ゴマに分けられます。白ゴマは香りが比較的少なく他の食材と調和します。黒ゴマは香りが強いので味や香りの濃い食材に適しています。金ゴマは味や香りにコクがあり高級感があります。

ゴマは適度に熱をかけ、炒りゴマにすると独特な香りが生成され、皆さんご存じのゴマの香りになります。加熱することで、糖とアミノ酸が反応し、油脂が熱により変化して、ピラジン類やフラン類、カルボン酸やアルコール類などが生成し複合的な香りになります。武田・福田らによると（日本家政学会誌、一九九七年）一七〇度で一五分焙煎したゴマの味の評価が高く、炒りゴマとして総合的に好ましいとしています。

また、ゴマは外皮が硬いので、そのままでは栄養成分や機能性成分が利用できずに排泄されてしまいます。これを防ぐためにも炒ったもの（炒りゴマ）、炒ったものを擂ったもの（擂りゴマ）、切ったもの（切りゴマ）、指でひねりつぶす（ひねりゴマ）、粉砕しペースト状にする（練りゴマ）などの形態があります。

ゴマを炒ることによって独特な香りが生まれ、擂ればさらにおいしくなりますが、消化吸収して生体利用するための手段でもあります。また、加熱することにより抗酸化作用物質が生成される場合もあります。薬膳で五味五性は甘・平に属すとされます。

その他全体を通して興味のあるところ、特筆すべきことなど：ゴマはゴマ科の植物で古くから食用として用いられていました。紀元前三〇〇〇年頃、アフリカのサバンナで栽培が始まったといわれています。

前述の古典的文献にもあるように、古くから不老延年の食材、もしくは薬とされてきました。活性成分や生理作用を考えると抗酸化作用を有する物質が多く含まれ、生体の酸化防止が考えられ、これは老化防止につながります。ゴマ油に含まれるリノール酸とオレイン酸はそのままでは酸化してしまい、特にリノール酸はその構造上（二重結合が多い）酸化しやすいことがわかっています。しかし、ゴマ油は他の食用油と比べ長持ちするといわれており、これはセサミン、セサモリン、セサミノールが作用しているからと考えられています。

また、ゴマにはセレンが含まれています。これは九種ある必須微量金属の一つです。鉄、亜鉛、銅、マンガン、クロム、モリブデン、セレン、ヨウ素、コバルトの九種類ですが、クロム、モリブデン、セレン、ヨウ素、コバルトを必須超微量元素と表現することがあります。セレンは生体内では、セレノシステインとしてタンパク質に存在し、生体内で発生する活性酸素やラジカル（生体に対し活性の強い遊離基）を消去する働きがあります。欠乏すると、貧血、高血圧、ガン、早老、筋肉痛、筋力低下、不整脈、心筋症などになりやすいと考えられます。過剰症としては慢性皮膚炎、脱毛、顔面蒼白、呼気のニンニク臭、疲労感、神経系異常が報告されています。

このような必須性のある物質は、欠乏症には劇的に作用するので薬として認識されていました。例えば、ビタミンCが壊血病に効くとか、ビタミンB_1が脚《かっ》気《け》を治すなどです。しかし、欠乏したもの、足りないものを補充することなので食べ物で防ぐことができます。緊急性のある欠乏症は、点滴で早期に補いますが、血中濃度を一定に保つ方法としては食事のときの食材で十分です。毎日もしくは定期的に摂取するものです。

セレンを多く含む食材は魚介類に多く、たらこ、くろまぐろ、あじ、さば、うなぎなどに含まれています。卵や小麦にも含まれるので、通常セレンが不足することはないのですが、過剰症と欠乏症の幅が狭いので、バランスが難しいと考えられます。ゴマには多くは含まれませんが、日常的に摂取して過剰摂取にならない程度に血中濃度を保てるちょうど良い食材ではないでしょうか。

このようなところに、七味唐辛子に何気なく配合されている意味があるのかもしれません。薬膳は前述のように陰陽五行説の考え方で運用されます。食べ物で陰か陽に傾いた（欠乏か過剰に傾いた）もののバランスを取ること、多すぎず少なすぎず、時には多めに、時には少なめにして、血中濃度のバランスを取っていることになります。七味唐辛子のゴマの機能の一つと考えてもよいのではないでしょうか。さらに、ゴマのセサミノール関連物質には活性酸素消去や抗酸化作用があります。セレンやその他のものと協力して、健康を作り出していると考えられます。

陳皮の機能性など

局方：ウンシュウミカンまたはその他、近縁植物の成熟した果皮を乾燥したもので、本質は健胃薬とされています。健胃消化薬、鎮咳去痰薬《ちんがいきょたんやく》とみなされる処方及びその他の処方に比較的高頻度で配合される漢方処方薬です。粉末は芳香性健胃薬として配合剤の原料とされ、粉末の一日最大摂取量は三グラムです。

成分：クエン酸やビタミンC、ペクチンが含まれています。精油成分としてはリモネン、アウラプテン、リナロール、テルピノールなどです。フラボノイドとしては、ヘスペリジン、ナリンギン、タンゲレチン、ルチン、ノビレチンなどが含まれています。その他、シネフリンやβ－クリプトキサンチも含まれています。栄養成分は、通常食用にする果実の方に多く含まれますが、皮にはより機能性のあるものや香りの成分があります。

薬理作用・生理作用：動物実験では胃液分泌促進作用が認められ、リモネンは自発運動抑制や体温降下作用を示し、シネフリンにはアドレナリン様作用として血管収縮、血圧上昇、気管支筋弛緩などがあります。ヘスペリジンは、肝障害抑制作用、コレステロール低下作用、血圧低下作用、抗炎症作用、毛細血管強化作用、抗酸化作用などがあります。ノビレチンはヒスタミンの遊離抑制作用があり、抗アレルギー作用に関連します。さらに最近は抗認知症作用を有することが考えられ、その他、多彩な研究報告があります。

古典的文献：『神農本草経』には「胸中の瘕熱《かねつ》、逆気《ぎゃくき》、水穀《すいこく》を利す。久しく服すれば、臭を去り、気を下し、神に通ずる。」とあります。

『名医別録』には、「気を下し、嘔咳を止め、胸中に気衝するもの、吐逆、霍乱を治し、脾の穀を消す能力を治し、洩を止め、膀胱の留熱で停滞し、淋を起こすを除き、小便を利し、寸白蟲《すんぱくちゅう》を去る。」と記述してあります。

『本草綱目』で李時珍は、「嘔噦《おうかい》、反胃《ほんい》、嘈雑《そうざつ》して時に清水を吐するもの、痰《たん》痞《ひ》、痎瘧《がいぎゃく》、大腸閟塞、婦人の乳廱《にゅうか》を療する。食品に入れれば魚腥毒《ぎょせいどく》（生臭い毒）を解す。」と述べています。

『和漢三才図会』には、「脾・肺の二経の気分の薬である。膈を寛げ気を降し、痰飲を消す。極めて効果がある。補薬と一緒に用いれば補し、下剤と一緒に用いれば瀉する。昇薬と用いれば昇り、降薬と用いれば降りる。それぞれ配する薬に応じて効力を出す。」と記載していますが、『本草綱目』にも同じ記述があります。『本草綱目』ではさらに、「脾は元気の母、肺は攝気《しょうき》の籥《ふえ》である。故に陳皮は二経の気分の薬となるので、配合するものに随って補とも瀉とも昇とも降ともなる。」としています。この表現は他の配合される生薬（もしくは食材）

の効果を引き出すので、七味唐辛子に用いられる重要な意味が含まれていると考えます。

前述の古典的文献の内容を簡略化してまとめると、「胃腸や胸が苦しく、下から突き上げるような感じの不調、咳や嘔吐を治し、食べ物を良く消化し、小便の滞りを治し、気のめぐりをよくする。食品の生臭さをとる。陳皮の効能の特徴は、配合される他の生薬の作用に応じて相乗効果を後押しするように働く。」ということです。

食用効果・調理効果：食用効果というよりは薬膳によく用いられます。また、ヨーグルト、紅茶に入れたり、フルーツケーキやパウンドケーキに入れたり、ドレッシングやカレーに使ったりします。オレンジピールのように使うようです。苦味で食欲が出る、身体が温まる、香りがよい、鼻が通る、咳に良い、むくみに良い、美肌効果がありそう、リラックスできるなどが考えられます。

薬膳における五味五性は、苦・辛・温に属すとされ、食欲不振、腹部膨満、嘔吐、しゃっくり、咳や痰が多いとき応用するとされています。

その他全体を通して興味のあるところ、特筆すべきことなど：漢方で陳皮は古ければ古いほど良いといわれています。陳皮の陳は古いという意味です（新陳代謝の陳）。いろいろ調べると、料理をおいしく際立たせるために使うのではなく、健康のための目的が多く考えられました。オレンジピールやオレンジマーマレードのように香りや味を優先させるのではないようです。古ければ古いほど良く、陳旧品が賞賛されるのは生薬としての薬効なのかもしれません。古くなれば当然ながら精油成分のリモネンなど多くの成分は揮発してしまうので、生薬としては香り成分を重視したものではないと考えられます。もちろん微かに残った香りが「気」の巡りを良くしていることはあります。現代のような薬がなかった古い時代は、乾燥した草根木皮が薬でした。ミカンはすぐ腐って使えなくなるので乾燥したのかもしれません。それも、ミカンの実は水分が多く、特に腐りやすいので、皮を用いたということも考えられるのではないでしょうか。

古典的文献には、消化を良くし、胸苦しさや胸の痞《つか》えを除き、気を鎮め、咳や嘔吐を止めることが記してあります。また、「食品に入れれば魚腥毒を解す。」とあり、陳皮は魚の生臭さ（魚腥毒）を取ると考えられます。食品への応用もされていたようです。

前述の「陳皮は二経の気分の薬となるので、配合するものに随って補とも瀉とも昇とも降ともなる。」という一節は、七味唐辛子に配合された場合、他の薬味の効果を強める相加相乗作用があるということになります。さらに、『本草綱目』の発明の項目には、「但し（陳皮を）多く用い、久しく服しては能く元気を損ずる。」と記されているので、少量用いるのが最適であることがわかります。つまり、毎日、もしくは頻繁に使う七味唐辛子は少量でわずかな香りがある程度がよいということにつながります。七味唐辛子は、調味料、薬味、香辛料として、バランスよくできているのかもしれません。

漢方処方としては、胃苓湯《いれいとう》、温胆湯《うんたんとう》、香蘇散《こうそさん》、啓脾湯《けいひとう》、参蘇飲《じんそいん》、神秘湯《しんぴとう》、清《せい》暑益気湯《しょえっきとう》、清肺湯《せいはいとう》、二陳湯《にちんとう》、人参養栄湯《にんじんようえいとう》、半夏白朮天麻湯《はんげびゃくじゅつてんまとう》、平胃散《へいいさん》、補中益気《ほちゅうえっき》湯《とう》、六君子湯《りっくんしとう》、その他、多くの処方に配合されます。配合されている他の生薬の治療効果を上げていると考えられます。

ケシの実の機能性など

局方：『日本薬局方』にはケシの実としては掲載されていません。ケシの実は薬とは認識されていないことになります。ただし、ケシ（*Papaver somniferum*）から取れたアヘンがアヘン末《まつ》として鎮痛薬、鎮痙薬、鎮静薬、鎮咳薬、止瀉薬、麻薬として載っています。ケシの種子からは麻薬成分が得られないので、「麻薬及び向精神薬取締法」の規制対象ではありません。ちなみに一般に「けしの実」といわれているのは、果実の中にある種子（芥子粒）であり、けし坊主といわれている果実のことではありません。

成分：食用ですので栄養成分が調べられています。栄養成分は概ねタンパク質が一九％、脂質が四九％、炭水化物が二一％、食物繊維が一七％です。ビタミンではビタミンB_1、B_2、B_6、葉酸、ビオチンが多く、ミネラルではカルシウム、マグネシウム、鉄、亜鉛、銅、マンガンが比較的多めに含まれています。

薬理作用・生理作用：ビタミンやミネラルの生理作用に寄与することが大きいと考えられます。また、食物繊維が多いので便秘解消によく、ビタミンやミネラルから類推されている作用はありますが、食べる量を考えると効果は限定的です。

古典的文献：『本草綱目』には罌子粟《おうしぞく》という名前で載っており、「実の形は瓶のようであり、中に白い米（芥子粒のことか）があって、粥にしたり、飯に混ぜて食べられるが、豆腐にして食うのが佳味である。」また、「風気をやり、邪熱を逐い、反胃、胸中の痰滞を治す。」「瀉痢を治し、燥を潤す。」としています。『和漢三才図会』にも同じことが記載されており「風気をめぐらし邪熱を逐いだし、瀉痢を治し、燥を潤す。」とされています。『本朝食鑑』には「中に白米があり極めて小さい。これを炒り調え、食物に和し、浸し物に撒く。惟香《ただかお》りのよさを用いるもので、日常の食とするものではない。」と記載されています。

古典的文献の内容を簡単にまとめると、「生命力の気をめぐらして、熱っぽい状態や胸のつかえとか下痢を治す。乾燥したものを潤す作用もある。芥子粒は粥にしたり、ご飯に混ぜたり、炒って振りかけたりして香りを楽しむ。」というようなことと考えます。

食用効果・調理効果：ビタミンやミネラル、脂肪酸をバランスよく含み、特にカルシウム、マグネシウム、鉄を多く含むので、手軽な栄養補給源として活用できます。ケシの実は芥子粒といわれるくらいなのでかなり小さなものです。栄養を考えるときには食べる量を考慮しないと作用や効果は期待できませんが、ビタミンやミネラルの欠乏症や過剰症にならないように調整することはできるかもしれません。

食べ物が身体に吸収されて血中濃度が一定になり、安全域に達していれば健康です。どちらかというと欠乏症が問題になります。通常、摂取したものは代謝され排泄され、そのままでは欠乏症が現れるものもあります。その場合、安全域に保つために、常に適量を補充することが必要です。そのために、芥子粒のような量的に少ないものでも、微量栄養素が足りなくならないように摂取し、過剰にならないようにするためには、ちょうどいいのかもしれません。前述の麻の実と似たような用い方になります。調理効果としては、味や香り歯ざわり、見た目も必要ですので、炒った芥子粒はこれらを満たしていると考えられます。

日本でケシの実が使われている食材で最もポピュラーなものはあんパンです。粒あんと、こしあんを区別するために、こしあんのあんパンにケシの実をつけたのだそうです。その他、炒ったケシの実をケーキに振りかけたり、田楽や和菓子に使うこともあります。外国ではすり潰したりペースト状にして、パンやケーキに用いるそうです。ポピーシードクッキーやクリスマスに作るドイツのシュトーレンにはケシの実の粉が使われているそうです。薬膳における五味五性は甘・平に属すとされ栄養補給が中心のようです。

その他全体を通して興味のあるところ、特筆すべきことなど：ケシはケシ科の植物で、「芥子」と表記されます。一方、おでんなどに使われる「からし」はアブラナ科の植物で「芥子」と表記します。つまり、ケシもからしも「芥子」

と書きますので、漢字だけでは区別がつきません。ちなみに「芥子」の読みは「けし」、「からし」、「がいし」の三通りがあります。辛いからしの方は「辛子」と書いて区別することもありますが、「芥子」だけでは前後の文がないと混乱してしまいます。これは、ケシとカラシナの種子が似ているので間違った表記をしたものが、そのままになってしまったためだそうです。

ケシの実は前述のように、『本草綱目』には「罌子粟《おうしぞく》」と名前が載っており、別の項目にケシからとれる阿片のことが「阿芙蓉」と表記され、麻薬の阿片とケシの実は古くから区別されていたことがわかります。

前述の『本朝食鑑』に、「食物に和し、浸し物に撒く。惟香りのよさを用いるもの」と記載されているように、ケシの実は炒ったときの芳ばしい香り、プチプチとした食感、つぶつぶの見た目が使用の目的かもしれません。七味唐辛子にはこのような役目で配合されていることが考えられます。

シソの機能性など

局方：『日本薬局方』に載っているのはシソまたはチリメンジソで、赤紫色のシソです。特異な臭いがあり、味はわずかに苦く、生薬の本質は健胃薬とされています。漢方処方薬としては鎮咳去痰薬、かぜ薬とみなされる処方及びその他の処方に配合されるとしています。

成分：栄養成分として、β－カロテンやビタミンB_1、B_2、C、Kが多く、カリウム、カルシウム、マグネシウム、鉄、亜鉛が比較的多く含まれています。特徴的な成分は、ペリルアルデヒド、ℓ－リモネン、α－ピネン、シソニン、ロスマリン酸、フラボノイドのルテオリン、アピゲニン、スクテラリンなどがあります。

薬理作用・生理作用：動物実験では、解熱作用、睡眠延長作用、抗アレルギー作用、免疫賦活作用などが報告されています。含有成分のペリルアルデヒドは抗菌作用やアニサキスに対する殺虫作用、腸内環境を改善する作用が認められています。ロスマリン酸についても抗アレルギー作用や抗酸化作用、脳の機能に対する効果が検討されています。ペリルアルデヒドやロスマリン酸関連化合物については多くの有用な作用が考えられ、近年、精力的に研究されており、新しい知見が期待できます。

さらに、シソのエキスは、ウサギに対して解熱作用が認められています。シソのエキスおよび成分のペリルアルデヒドは、麻酔の増強作用、興奮性膜抑制作用、ラットの運動量抑制効果などが報告されています。さらに、エタノールや塩酸によるラットの胃潰瘍を抑制することも認められています。抗アレルギー作用を示すことが確認され、アレルギーを引き起こしやすい成分を含む食品にシソ抽出液を添加することによって、アレルギー反応を抑制しようという試みも行われています。また、シソ油には、ネズミの記憶学習能力を高める作用が認められています。

古典的文献：『本草綱目』で李時珍は、「肌を解し、表を発し、風寒を散じ、気を行らし、中を寛にし、痰を消し、肺を利し、血を和し、中を温め、痛を止め、喘を定め、胎を安にし、魚蟹《ぎょかい》の毒を消し、蛇、犬の咬傷を治す。」とし、幅広い効果を観察しています。

さらに、『名医別録』には、「気を下し、寒中を除く、その子尤も良し」とし、シソの種子が良く効くと記しています。

『本朝食鑑』では、「葉を若いころ羹《あつもの》にするとよい。これは魚肉の毒を去る。蔬菜《そさい》として食べるのも良い。塩蔵や味噌汁にしても佳いものである。梅の子と一緒に淹蔵《えんぞう》すると、汁は香紅となり、一緒に漬けてあるのもが悉く香紅になるので、愛すべきである。」とし、魚の毒を消すこと、おひたしや味噌汁に入れてもよいし、梅干しが赤くなるのでおいしそうに見えることを説明しています。

『和漢三才図会』には「陳皮・縮砂《しゅくしゃ》と共に用いれば、気をめぐらせ胎を安定させる。藿香《かっこう》・烏薬《うやく》と共に用いると中を温め痛みを止める。香附・麻黄と共に用いると発汗して肌をすべすべさせる。当帰・川芎《せんきゅう》と共に用いると血を和し、血を散じる。木瓜・厚朴と共に用いると湿を散じ暑を解する。枳殻《きこく》・桔梗を共に用いると膈の働をよくし腸を寛やかにする。杏仁・莱菔子《らいふくし》と共に用いれば痰を消し、喘をおさめる。」と説明されており、シソが他の生薬と相加相乗作用のあることを述べています。七味唐辛子には陳皮が入っており、シソが陳皮と協力し合って気を巡らし、少量でも効果を発揮することが考えられます。シソは単独でも作用や効果がありますが、七味唐辛子では使用量が少なく効果を発揮できないことが考えられ、香りがメインかとも思われますが、協力作用があれば少量でも事足りるということでしょう。これが七味唐辛子の神妙なところかもしれません。陳皮もシソも同様な機能があり、他の薬味や食材の機能を高める作用があることになります。

古典的文献の内容を簡略化してまとめると、「身体の表面から発汗させ、肌を艶やかにし、体調不良や気の塞ぎを解消し、呼吸器系や血の巡りを良くし、胃腸を温め痛みや咳をとめ、全体的に気の巡りを良くする。また、魚介類の毒を消し去る。他の生薬や食材と相加・相乗作用があり、他のものの効果を高めること」が読み取れます。

食用効果・調理効果：古くから薬草として用いられたのは赤ジソです。青ジソは香りや栄養価が高く、香りの成分として食欲増進やアレルギー抑制、免疫力を高めるなどが考えられます。赤ジソは酸味のあるものと一緒になって赤い色を演出します。梅干しがよい例ですが、アントシアニン類が入っているので酸性で赤に変化するのです。ペリルアルデヒドに食欲増進作用や抗菌作用があり、食中毒予防効果も考えられます。β－カロテンやビタミンCが抗酸化作用に関連します。

　青ジソは香りがいいので、和製ハーブとして用いられ、刺身のつまや、冷やっこ、そうめん、寿司、シソ巻き、青ジソの天ぷらなどに用いられます。赤ジソは梅干しや柴漬けの色付けに用いられます。薬膳における五味五性は辛・温に属すとされます。


その他全体を通して興味のあるところ、特筆すべきことなど：シソはシソ科の植物で、その種類には、チリメンジソ、カタメンジソ、アオジソ、チリメンアオジソなどがあります。漢方ではアオジソやチリメンシソは用いず、アカジソの葉を乾燥したものを使用します。これを蘇葉《そよう》といい、種子を紫蘇子《しそし》、茎を蘇梗《そこう》と呼びます。現在は薬用として蘇葉を用いるのが一般的です。

　以前から漢方薬に使われるアカジソとしての作用がよく調べられています。しかし、現在は食用や薬味とするアオジソの効用がさかんに検討されています。例えば、胃ガンの原因になるピロリ菌に対する抗菌作用が認められ、成分のロスマリン酸やアピゲニン、ルテオリンに抗アレルギー作用やヒスタミン遊離抑制作用が認められています。

アカジソの現代的利用法は前述の梅干し、柴漬け、赤ジソジュースなどで、色付けが重要な要素でしょう。

『本草綱目』に魚蟹の毒を消し、蛇、犬の咬傷を治す。『本朝食鑑』に魚肉の毒を去るとあるので、生の刺身やイワシの煮物や魚の包み揚げなどは赤ジソを使ってもいいのかもしれません。現代は青ジソを薬味としてよく使うようですが……。

青のりの機能性など

局方：『日本薬局方』には掲載されていませんので生薬ではなく食材です。

成分：栄養成分としては、炭水化物が多く、次にタンパク質で、脂質は少なく食物繊維が多めです。β－カロテンが多く、ビタミンB_1、B_2、B_{12}、葉酸、ビオチンなどを含みます。ミネラルはナトリウム、カルシウム、マグネシウム、鉄、マンガンなどが多めです。香りの成分はヘキサデカジエナール、ヘプタデセナール、ヘプタデカジエナールおよび多数の関連化合物です。

薬理作用・生理作用：青のりの人に対する作用の取り組みは抗アレルギー作用などがありますが、まだ、あまり調査は行われていないようです。海苔についてはいくつか報告が見当たります。

青のりの作用については栄養成分の多いものから考えるのがいいのかもしれません。炭水化物が多く、脂質は少なため、食物繊維が多く含まれますので、現代の食生活には適しているでしょう。また、β－カロテンが多いので体内で発生する活性酸素などを抑制し、抗酸化作用と関連して細胞を元気に保ちます。

ビタミンB_1、B_2、B_{12}、葉酸、ビオチンなどのビタミンは炭水化物や脂質、タンパク質などの代謝の補酵素として、代謝、エネルギー産生に役立ちます。さらに、脳神経や末梢神経、筋肉の機能を正常に維持します。カルシウムは骨や歯のために必要で、筋肉の収縮や心臓にも作用します。マグネシウムとカルシウムは共同して働きます。鉄は赤血球を構成するヘモグロビンの重要な構成要素です。多すぎれば過剰症が起きますが、足りなければ貧血になります。

食材のおいしさは味だけでなく香りや歯ざわり、食感も関係してきます。香りのよいハーブなどで、安らぎを与えたり、やる気を起こさせたりするアロマテラピーが検討されています。青のりは、日本で古くから食されているので磯の香りを思い起こさせ、心や生理機能に影響を与えるかもしれません。

古典的文献:『本朝食鑑』には、アサクサノリ（浅草海苔）とアオノリ（青のり）が区別して記載されており、「青のりは糸綿のようである、綿のように乾す。

色は深緑である。」としていますので、この記述からアサクサノリではなくアオノリであることがわかります。

源順の『和名抄』に（無良佐木乃里：むらさきのり）としてアサクサノリが記述してあり、むらさきと表現しているので、この頃からアサクサノリとアオノリは区別されていたことになります。

その効能は、『本朝食鑑』には、「渇を止め、酒毒を解し、搗いて疔毒《ちょうどく》・赤遊《せきゆう》に塗る。あるいは金傷に塗るとよく血を止める。」としています。『和漢三才図会』には、「瘻瘤《こぶ》や痔を治し、茶積を消化する。」と効能を挙げています。

『本草綱目』には、効能が「水を下し、小便を利す。」、「風秘の不通、五膈《ごかく》気《き》、臍下結気《さいがけっき》に主効あり、煮汁を飲む。」と記してあります。

古典的文献の内容を簡単にまとめると、「のどの渇きを止め、二日酔いのような酒による不調を治し、オデキなどの化膿性の皮膚病に塗る。刀傷に塗布すると血が止まりやすい。瘤や痔によく、抹茶を飲んだ時の胸のつかえを解消し腹部の気の巡りをよくし、利尿作用があり、気の滞りに煮汁がよい」ということです。

食用効果・調理効果：青のりは、ビタミンやミネラル分が多く、香りがよいので薬味として、もしくはふりかけとして用いられます。色合いもきれいな緑色なので食欲をそそります。

アオサとアオノリを含めて青のりと表現することがありますが、市販のアオノリは『本朝食鑑』で説明している通り糸状になっており、市販のアオサと比べると香りがよいのが特徴です。一方、アオサはアオノリより味がしっかりしているので、濃い味の食材や料理に振りかけると効果的です。お好み焼きや焼きそばに適しています。

青のりを使う食材や料理は、焼きそば、焼うどん、お好み焼き、たこ焼き、せんべい、卵焼き、各種ふりかけ、ポテトチップス、そして七味唐辛子などです。

陰陽五行説で用いる「五味五性」について、青のりの古典的文献による表現が一定しておらず、どれが正しいのか、別々の素材を青のりといっているのか判別が難しいところがあります。以下に示します。

「五味五性」：『本朝食鑑』では甘鹹・冷、『本草綱目』では甘・平、『和漢三才図会』では鹹・温、一般の薬膳では鹹・寒と記載されています。

陰陽五行説を用いて薬膳の説明を考えるとき、五味と五性がこれだけ違うと、どう表現すればいいのかとても難しくなってしまいます。実際に味見すると、苦味もあるのでなおさら迷ってしまいます。

その他全体を通して興味のあるところ、特筆すべきことなど：アオノリは、スジアオノリ、ヒラアオノリ、ウスバアオノリ、ボウアオノリなどの種類があり、アオサ、ヒトエグサを含めて青のりということがあります。

青のり（アオノリとアオサ）は海と川の境の汽水域に生息します。寿司の巻物に使う四角く切った乾燥ノリを海苔と書き、これは海に生息します。前者は濃い緑色で、後者は紫や褐色です。

ショウガの機能性など

局方：『日本薬局方』には、生薬の生姜または乾生姜として記載されており、健胃薬とされています。かぜ薬、健胃消化薬、鎮吐薬、鎮痛薬とみなされる漢方処方に配合されます。

成分：栄養成分は、カリウム、マグネシウム、亜鉛、マンガンなどのミネラルとビタミン類などが含まれます。ショウガに特有の成分は、辛味物質としてジンゲロールとショウガオール、ジンゲロンが含まれ、香りの成分はシトロネラール、シネオール、ジンギベロールなどです。他の精油成分としてカンフェン、ボルネオール、リナロール、フェランドレンなども含まれます。

薬理作用・生理作用：薬理作用は、古くから動物実験等で調査研究されているので多くのデータがあります。鎮吐作用、鎮静作用、鎮痛作用、抗潰瘍作用、抗炎症作用、抗ヒスタミン作用、腸管内輸送促進作用、血圧下降作用、殺菌作用などです。

また、胃液分泌を促進し、消化を助けると考えられ、さらに発汗作用があり身体を温めるといわれています。その結果、血行が良くなり、免疫力が上がり、健胃整腸にも関連するのでしょう。

ちなみに動物実験の範囲ですが、筆者は、ショウガに鎮痛作用、鎮静作用、鎮吐作用、血圧下降作用などのあることを明らかにしています（生薬学雑誌）。

古典的文献：古典的文献では生姜、乾姜に分けて記載してあります。

『神農本草経』には、「生姜は久しく服すれば臭気を去り、神明に通ずる。乾姜は胸満や咳逆上気をなおし、中を温め、血を止め、汗を出し、風湿痺を逐う。腸澼下痢《ちょうかげり》。」と生姜と乾姜について書かれています。

『本草綱目』の生姜の項で李時珍は、「生で用いれば発散し、熟して用いれば中を和し、野禽を食った中毒から起こる喉痺を解す。」、乾姜については「乾姜は能く血薬を引いて血分に入り、気薬を気分に入れ、また能く悪を去り、新を養う。陽生じて陰長するの意がある。」としています。

『名医別録』で生姜については、「五臓に帰し、風邪、寒熱、頭痛、鼻塞、欬《がい》逆《ぎゃく》、上気を除き、嘔吐を止め、痰を去り、気を下す。」乾姜については、「寒冷腹痛、中悪、霍乱、脹満、風邪、諸毒、皮膚間の結気、唾血を止める。」と説明しています。

『本草備要』には、生姜は「寒を散じて痰を開き、嘔を止む。陽分を行らし、寒を去り、表を発す。」、乾姜は「大いに燥し、陽を回す。生にて用いれば辛温、寒邪を逐いて、表を発す。炮すれば則ち辛苦大熱、胃冷を除き、中を守る、經を温め、血を止む、痰を消し、嘔を定む。」と、漢方でいう生姜と乾姜の特徴が区別され説明されています。なお、『本草備要』にはさらに詳細に解説してありますが、別の機会に取り上げたいと思います。

古典的文献の内容を要約するのは難しいのですが、あえてまとめると、「生姜は発熱、頭痛鼻づまりや吐き気、痰を取り、カゼのような症状を治す。乾姜は胃腸を温め、吐き気や咳を軽減し、冷えを追いやる。」と考えられます。

食用効果・調理効果：中華料理では、食材を炒めるための油臭さを除くために、刻んだ生姜やねぎを先に入れます。また、肉や魚の臭みを消す作用があり、生姜焼きのように、臭みを取る効果と肉を柔らかくする効果もあります。ショウガにはプロテアーゼが含まれているので、タンパク質が分解し肉が柔らかくなるのです。ショウガオールやジンゲロン、シネオール、ジンギベロール、ジンギベレンなどの辛味や芳香成分に食欲を促す作用もあります。五味五性については以下の通りです。

「五味五性」：『神農本草経』で乾姜は辛・温、『本草綱目』で生姜は辛・微温、乾姜は辛・温、『本朝食鑑』で生姜は辛・微温、『和漢三才図会』では辛・微温、『本草備要』では生姜は辛・温、乾姜は炮《ほう》すれば辛・苦・大熱としています。一般の薬膳で生姜は辛・微温です。五味五性は生姜でも乾姜でもあまり変わりません。薬膳では乾生姜を使うと考えられるので、厳密には区別しないのかもしれません。

その他全体を通して興味のあるところ、特筆すべきことなど：日本では、食用のショウガ（生姜）は、基本的に生のショウガ（新鮮なショウガ）として販売されています。つまり、おろしショウガにするような生そのものの形です。

生薬の生姜（ショウキョウ）は乾燥したもの、もしくはコルク皮を除きそのままか、縦に割り、石灰をまぶして乾燥したもの。乾姜は軽く湯通した後、乾燥したものとされています。

一方、漢方薬で用いるときには生姜と乾姜は薬能が異なるとされています。生姜は発散作用があり、胃腸の不具合、むかつき、嘔吐などに良く、乾姜は胃腸を温め冷えや痛みを取る目的で配合されます。特に乾姜は『本草備要』にあるように炮《ほう》すれば（あぶること）辛・温だったものが辛・苦・大熱になり、身体を内から温める作用が強くなると考えられます。

また、李時珍は『本草綱目』で「姜（薑）は辛にして葷《くん》ならず。邪を去り、悪を避けるので、生で啖《くら》うにも、熟して食うにも、醋《さく》、醤《じゃん》、糟《そう》、鹽《えん》にも蜜煎にも調和の宜しからぬはなく、蔬菜になり、調和剤になり、菓子になり、薬になる。その利用範囲は広いものだ。」としています。つまり、生でも食べ、酢や醤、塩や甘味にも調和し、お浸しやお菓子、薬にもなると述べています。生薬というよりは、食材として利用できるので、食の機能性が高いと考えられます。まさに薬食同源の素材です。

さらに「早朝の旅行や山行には一塊の姜を含むが宜し。霧露、清湿《せいしつ》の気、及び山嵐、不正の邪に犯されない。」としています。早朝の旅や山に登る時はひとかけらのショウガを口に含んでいくと、旅先や山中で自然の脅威にさらされても平気でいられるというようなことを述べています。体が温まり、辛さで気が引き締まるということかもしれません。

九つの薬味の比較

古典的文献から引いた九つの薬味の特徴を表に載せました。九つのうち七つが『日本薬局方』に掲載されています。

香りについてはすべての薬味にあり、おのおの特徴のある香りの集合体になっています。したがって、七味唐辛子の薬味は香りが中心になるものと考え

九つの薬味の比較

薬味	薬局方	五味五性	香り	食欲増進	身体	多食	生臭・毒	協力作用
トウガラシ	掲載	辛・温（熱）	炒ると香り	食欲増進	温める	よくない	生臭さ取る	
サンショウ	掲載	辛・温（熱）	香り強い	食欲増進	温める	よくない	生臭さ取る	
アサの実	掲載	甘・平	噛むと香り					
ゴマ	掲載	甘・平	炒ると香り					
陳皮	掲載	苦・辛・温	香りあり	食欲増進	温める	よくない	生臭さ取る	協力作用
ケシの実	未掲載	甘・平	炒ると香り					
シソ	掲載	辛・温	香りあり		温める		毒を取る	協力作用
ノリ	未掲載	鹹・寒	磯の香り				毒を取る	
ショウガ	掲載	辛・温	香りあり	食欲増進	温める		生臭さ取る	

ます。つまり、香りの配合割合がおいしさのカギです。

食欲増進作用のある物質が含まれているトウガラシ、サンショウ、陳皮、ショウガと前述の香りを同時に考えれば、すべての薬味に食欲増進作用があるといってもいいのではないかと考えます。

辛いものは体を温める作用があります。トウガラシが中心ですが、サンショウや陳皮、シソ、ショウガにもあります。多食はよくないとされているトウガラシ、サンショウは刺激が強いので当然ですが、陳皮は多く使うと苦味や生薬としての効果が表れてしまいます。

生臭さをとるのはトウガラシ、サンショウ、ショウガ、陳皮であり、これらは毎日の料理でも活用しているのではないかと考えます。

おのおのの薬味の効果に関して、身体に良い作用や味を引き立てるというものがあります。その中でも、他の薬味に対する協力作用のあるものが陳皮とシソです。少量ふりかけても多くの効果が発揮できそうな組み合わせが期待できます。

五味五性の五性でいうとノリ以外は温か平で、体を冷やさないようにするものです。五味では辛味が多く甘味がそのつぎです。苦味は陳皮だけですが辛味を併せもちます。また、鹹味（塩味）についてはノリだけであり、酸味の薬味はありません。なぜかわかりませんがいろいろ考えてみました。塩味と酸味といえば、よい塩梅といわれるように、両者がちょうどよい加減で入っているということです。七味唐辛子は調理を終えた料理に用いるもので、よい塩梅はすでにでき上がっていると考えます。したがって、それ以外の辛さや香りなど何か足りないものを求めて調整しているとも考えられるのではないでしょうか。

まとめ

以上、七味唐辛子に使われる代表的な薬味九種類について調べてみました。九種類とは日本三大七味唐辛子を構成するトウガラシ、サンショウ、アサの実、ゴマ、陳皮、ケシの実、青のり、ショウガ、シソです。これら一つひとつの薬味の機能性や特徴は、ある程度調べることはできますが、七味唐辛子として配合された場合にどのような協力作用が起こるかはとても難しく、今回はあまり検討しませんでした。しかし、陳皮には配合するものの性質を引き出す作用が古典から読み取れます。したがって、少量でも効果が出ると考えられます。この効果はシソについても同様です。七味唐辛子の陳皮とシソの存在は重要なことがわかります。

しかし、その他の薬味を考えると複雑な系であり、さらにふりかけたときは料理の食材との相互作用も考慮しなければならず、組み合わせが多く解釈は至難の業です。ＡＩを活用すれば可能かもしれませんが、基礎情報が未整備なのではないでしょうか。そうすると酸苦甘辛鹹の五味の位置づけが意味を持ってきます。もしくは完成している七味唐辛子をひとつの調味料として評価することが最も適しているのもかもしれません。

　また、一つひとつ、一味、一味の機能性を考えながら意識して「身体にいいだろう」とか、「滋養になるかなあ」と、考えを巡らせながら、味からくる信号を受け止めて、食事を楽しむことが重要なことです。これが生命をつなぐための本能につながるのかもしれません。

　人は食べなければ生きていけないことは明白です。原始時代は生命をつなぐことで必死でした。今は生命維持に必要な栄養素や微量元素、病気を予防する食べ物、病気の回復を早めるもの、病気を治す薬草、漢方薬、現代薬、現代医療など豊かな情報に守られています。その中でも原点であるおいしく食べる工夫が高度な知識としてまとめられています。
七味唐辛子は日本独特のおいしく食べるためのすてきな方法なのです。

おわりに

原始時代は、生魚や生肉を焼くという行為だけで味が良くなり、食欲をそそることを発見、発明し、海水や岩塩などを使って塩味をつけ、おいしく感じられたので、それらを肉や魚、野菜にもふりかけて、さらにおいしくなることを学習し、塩を使うことで食物が腐れにくくなることを知りました。肉・魚・野菜を長時間塩漬けにして醬を作り、味噌や醬油を発明しておいしさを堪能してきました。塩分は、生命維持に必要不可欠であることを知らない時代でも本能で求めてきたものです。酒を発明し、それが気持ちをやわらげる、または高揚させることを知り、さらにそれが酢に変化したとき食欲をそそる味であることがわかりました。酢関連の食材が、クエン酸回路を通してエネルギーを得ていることを知らなくても、そのことを敏感に感じ取りました。甘い物がおいしく、緊張を緩和し、疲れをとることを実感し、いろいろな植物に甘い物が含まれていることを知り、ついにはサトウキビを発見しました。蜂蜜や木の樹液も濃縮するとより甘くなることを見出し薬のように使っていました。その甘さがエネルギーになると証明されたのは科学が発展してからです。醤油や味噌は塩を使った応用の段階と考えられます。塩、砂糖（炭水化物）、酢を用いて、食材からのタンパク質を吸収しやすい形にすることで必要なアミノ酸を得ることができるようになります。同じく肉や魚の臭みを取り、さらにおいしくするスパイスやハーブを見つけました。これで食材としては充分だと考えますが、辛いものを発見しました。辛いものは生命維持に多くはかかわりませんが、食欲を増すために有用です。つまり、体調不良や未病、食欲不振、その他に役立つことが経験からわかっています。

スパイスやハーブをミックスすると単独のときよりもまろやかになり、角が取れたようになります。トウガラシとサンショウは質の異なる辛さですが、両者を混合すると一部打ち消し合うように作用しているようです。おのおのの香りについては協力作用があり、良い風味になっています。

ゴマ油はそのまま圧搾して搾ったもので、香りはほとんどなく透明な油で、『日本薬局方』では基剤として使用します。しかし、ゴマを炒ってから搾れば芳ばしい香りのある食用のゴマ油になります。ケシの実や麻の実も炒って香りをつけて食用にします。生そのままでは風味も香りも味も良くないものが、火を通すことによって変化していきます。ピーナッツもアーモンドもコーヒー豆の焙煎も同じですね。特にコーヒー豆では浅煎りと深煎りでは別物になります。薬研堀のトウガラシは乾燥のものと、焙煎したものが入っており、その香りが程よく表現されています。以上のように、熱を加えると香りや味が好ましいほうに変化しておいしくなります。また、調味料を料理に加えるタイミングがあり、下ごしらえの段階、調理中、調理の後と大きく三つに分けられます。七味唐辛子については、通常、調理が終わって、食べるときにふりかけることが多いようです。七味唐辛子は日本独特のスパイスの使用法と考えられ、独自に発展したミックススパイスと位置付けられるのではないでしょうか。

これまで述べてきた砂糖、塩、酢、醤油、味噌には、日本独特の使用法やその歴史が詰まっています。スパイスやハーブ、薬草や生薬、薬膳や漢方薬、そして七味唐辛子を含めて、薬味一つひとつの混合効果、相加相乗効果などがあり、これらを解明したいのですが、それには厳密な取り組みが必要であり、調査や継続した研究計画が必要です。

さらに、別の要因として、人には好き嫌いがあり、これらを一般化することは困難な作業になります。特に辛いものや苦いものは好みが分かれます。甘いものはたいていの人に好まれますが苦手な人もおり、好みの個人差は難しい問題です。

しかし、酸い、苦い、甘い、辛い、塩辛いは使用する量により美味しいという感覚（閾値）が変わります。苦いもの、甘いものなどは隠し味のように使えば料理にコクやうま味を与えることになります。七味唐辛子を使うときも自分の好みに合わせて混合し、おのおのの量も調節できれば、その人がおいしいと感じるものができるでしょう。自分の好みのものを探すことが大切です。

同様に、薬草や民間薬も自分に合ったもの、自分に合った量を服用すると、体調を良好に保つことができます。また、何か身体に足りないものがあれば、補給したときにおいしく感じられるので、その感覚を磨いておくことが必要です。

個々人については食味でも薬味でも自己完結できますが、大多数の人々がおいしいと感じるものは大変難しいようです。しかし、黄金比というようにたいていの人がおいしいと感じる組み合わせとその量があります。七味唐辛子のような日本のミックススパイスではかなり調べられているのでしょう、多くの七味唐辛子があります。私見になりますが、本文で述べた九種類の薬味（トウガラシ、サンショウ、アサの実、ゴマ、陳皮、ケシの実、青のり、ショウガ、シソの九味）をうまく使えばいいのではないかと思います。あとは混合比の検討であり、人によって変えていきましょう。このことは、その人に合った漢方処方を匙加減で配合するようなものと考えます。そうすると陰陽五行説、肝心脾肺腎、酸苦甘辛鹹、寒涼平温熱、陰陽、虚実、気血水など、薬膳や漢方薬の考え方を活用することになります。

以上、私は人の性質や好みを考慮した七味唐辛子の進化体である九味唐辛子（ここのみとうがらし）をいつの日か提案したいと考えています。

参考文献

アマール・ナージ、林真理、奥田祐子、山本紀夫　訳『トウガラシの文化誌』晶文社、一九九七年
大塚敬節『臨床応用傷寒論解説』創元社、一九九二年
小野蘭山『本草綱目啓蒙』平凡社、一九九一年
貝原益軒、伊藤友信　訳『養生訓』講談社、一九九八年
笠原義正『薬草のエッセイ』三省堂書店／創英社、二〇二二年
川北　稔『砂糖の世界史』岩波書店、二〇二一年
川端二功『スパイスの化学受容と機能性』日本調理学会誌、二〇一三年
倉野憲司、武田祐吉　校注者『古事記祝詞』岩波書店、一九七〇年
小泉武夫『食に知恵あり』日本経済新聞社、一九九八年
小泉武夫『超能力微生物』文春新書　文藝春秋、二〇一七年
小泉武夫『醤油・味噌・酢はすごい』文春新書　文藝春秋、二〇一六年
厚生労働省『日本薬局方解説書』廣川書店、二〇一六年
小城勝相『身体の中の異物「毒」の科学』講談社、二〇一六年
近藤嘉和『台所漢方あれこれ』日本薬用植物友の会、一九九三年

佐竹元吉『機能性野菜の科学』日刊工業新聞社、二〇一六年
篠田謙一『人類の起源』中央公論新書　中央公論新社、二〇二二年
清水俊雄『機能性食品素材便覧』薬事日報社、二〇〇四年
上海科学技術出版社、小学館　編『中薬大辞典』小学館、一九九八年
関水康彰『薬のルーツ　生薬』技術評論社、二〇一三年
全日本スパイス協会　ホームページ
宗　懍、守屋美都雄、布目潮渢、中村裕一訳注『荊楚歳時記』平凡社、一九九六年
外内尚人『酢酸菌利用の歴史と食文化』Jpn. J. Lactic Accid Bact. 2015
高木敬二郎、木村正康『漢方薬理学』南山堂、一九九七年
髙山宏世『いのちを養う　漢方講座』葦書房、一九九五年
武田久吉『民族と植物』講談社、一九九九年
武政三男『スパイスの科学』河出書房新社、二〇二〇年
田中静一、小島麗逸、太田泰弘編訳『斉民要術』雄山閣出版、一九九七年
田中平三『ナチュラルメディシン・データベース』同文書院、二〇一五年
丁　宗鐵『今日のサプリメント』南山堂、二〇〇六年
寺島良安、島田勇雄、竹島淳夫、樋口元巳訳注『和漢三才図会』平凡社、一九九一年
鳥居塚和生『モノグラフ生薬の薬効・薬理』医歯薬出版、二〇〇三年

中村璋八、佐藤達全『食経』明徳出版社、一九九四年
中村璋八、佐藤達全『食物本草』明徳出版社、一九九七年
難波恒雄『和漢薬への招待』東方出版、一九九六年
難波恒雄『和漢薬百科図鑑Ⅰ』保育社、一九九三年
難波恒雄『和漢薬百科図鑑Ⅱ』保育社、一九九四年
日本香辛料研究会『スパイスなんでも小辞典』講談社、二〇一一年
根本幸雄、根井養智　著、根本光人　監修『陰陽五行説』薬業時報社、一九九三年
ハーブプロジェクトチームCMPジャパン『薬用ハーブの機能研究』CMPジャパン、二〇〇四年
浜田善利、小曽戸丈夫『意釈神農本草経』築地書館、一九九三年
人見必大、島田勇雄　訳注『本朝食鑑』平凡社、一九九二年
船山信次『毒があるのになぜ食べられるのか』PHP新書　PHP研究所、二〇一五年
前橋健二『甘味の基礎知識』醸協、二〇一一年
槙佐知子『食べ物は医薬』筑摩書房、一九九二年
牧野富太郎『植物知識』講談社、一九九二年
柳町敬直『食材図典』(生鮮食材篇)小学館、二〇〇三年
矢部一郎『江戸の本草』サイエンス社、一九九一年
山田正篤『身近の植物誌』東京化学同人、一九九八年

山本紀夫『トウガラシの世界』中央公論新書　中央公論新社、二〇一六年
吉田よし子『香辛料の民俗学』中央公論新書　中央公論新社、一九九五年
吉田よし子『おいしい花』八坂書房、一九九七年
吉成　薫『古代エジプト３０００年史』新人物往来社、二〇一二年
李　美子『径山寺味噌・金山寺味噌の伝来説について』四天王寺大学紀要、二〇一一年
リズ・マニカ、編集部　訳『ファラオの秘薬』八坂書房、一九九四年
李　時珍、訳者　鈴木真海、新註校定代表　木村康一『国訳本草綱目』春陽堂書店、一九七七年

その他／ＳＮＳやウェブサイトを参考にした。

プロフィール

笠原 義正（カサハラ ヨシマサ）

1955年　山形市生まれ
薬学博士（東北大学）、薬剤師
現在　株式会社　萬屋薬局　学術顧問
　　　山形大学地域教育文化学部　非常勤講師
　　　山形大学医学部　社会医学・医療学　非常勤講師
　　　山形調理師専門学校　非常勤講師
　　　学校薬剤師

専門領域：天然物化学、生薬学、衛生・公衆衛生学

七味のなぞ!!　―調味料の不思議―

2024年９月30日　初版発行
著者　笠原 義正
発行・発売　株式会社三省堂書店／創英社
〒101-0051　東京都千代田区神田神保町1-1
Tel：03-3291-2295　Fax：03-3292-7687
印刷／製本　株式会社丸井工文社

ISBN 978-4-87923-264-9　C0077